MÁRTIR DA CRIAÇÃO
DOROTHY STANG

Valentino Salvoldi

MÁRTIR DA CRIAÇÃO
DOROTHY STANG

Prefácio à edição brasileira:
Dom Erwin Kräutler

Dados Internacionais de Catalogação na Publicação (CIP)
(Câmara Brasileira do Livro, SP, Brasil)

Salvoldi, Valentino
  Primeira mártir da criação : Dorothy Stang / Valentino Salvoldi ; [tradução Jaime A. Clasen]. – São Paulo : Paulinas, 2012. – (Coleção memória)

  Título original: Prima martire del creato : Dorothy Stang
  Bibliografia.
  ISBN 978-85-356-3004-6

  1. Desmatamento - Amazônia 2. Irmã da Notre Dame de Namur - Brasil - Biografia 3. Irmã da Notre Dame de Namur - Estados Unidos - Biografia 4. Igreja Católica - Missões - Brasil 5. Stang, Dorothy, 1931-2005 I. Título. II. Série.

  11-13892   CDD-271.97092

Índice para catálogo sistemático:
1. Irmã da Notre Dame de Namur : Religiosas : Biografia e obra   271.97092

1ª edição – 2012

Título original da obra: *Prima Martire del creato – Dorothy Stang*
© Paoline Editoriale Libri – Figlie di San Paolo, 2011
Via Francesco Albani, 21 – 20149 Milano

Direção-geral: *Bernadete Boff*
Editora responsável: *Vera Ivanise Bombonatto*
Tradução: *Jaime A. Clasen*
Copidesque: *Cirano Dias Pelin*
Coordenação de revisão: *Marina Mendonça*
Revisão: *Sandra Sinzato*
Gerente de produção: *Felício Calegaro Neto*
Assistente de arte: *Ana Karina Rodrigues Caetano*
Projeto gráfico: *Wilson Teodoro Garcia*
Capa e diagramação: *Telma Custódio*

Nenhuma parte desta obra poderá ser reproduzida ou transmitida por qualquer forma e/ou quaisquer meios (eletrônico ou mecânico, incluindo fotocópia e gravação) ou arquivada em qualquer sistema ou banco de dados sem permissão escrita da Editora. Direitos reservados.

Paulinas
Rua Dona Inácia Uchoa, 62
04110-020 – São Paulo – SP (Brasil)
Tel.: (11) 2125-3500
http://www.paulinas.org.br – editora@paulinas.com.br
Telemarketing e SAC: 0800-7010081

© Pia Sociedade Filhas de São Paulo – São Paulo, 2012

Prefácio à edição brasileira
Irmã Dorothy

Nos meus mais de trinta anos de bispo do Xingu vivi momentos de uma intensidade tão profunda que não consigo descrever adequadamente os sentimentos e emoções que me inundaram na ocasião. Sempre de novo sobem dos recônditos da memória e do coração e vêm à tona. Só quem viveu uma experiência desta natureza compreenderá.

Relembro o dia 14 de fevereiro de 2005. Fui ao aeroporto de Altamira receber o corpo da Irmã Dorothy Stang para conduzi-lo até a Igreja da Imaculada no bairro de Brasília. À uma da tarde celebrei a Santa Missa. A Igreja apinhada de gente, rostos lúgubres, olhos tristes, o calor úmido e forte de meio-dia, um silêncio carregado de espanto coletivo! Mirei o caixão em frente ao altar e me perguntei: "O que vou dizer ao povo? Mataram a Irmã! Sim, assassinaram-na! Tiraram-lhe a vida de modo insidioso, covarde, traiçoeiro! Morreu por causa do Evangelho! Deu a sua vida pelos pobres! Pela Amazônia!".

Um dia depois presidi em Anapu as exéquias da Irmã. O caixão, agora coberto com a bandeira brasileira, cercado pelo povo a quem Dorothy serviu e defendeu durante vinte e três anos. Mas veio também gente graúda. Até o presidente da República mandou um representante. Deputados, senadores, políticos – de todos os naipes e tendências – fizeram questão de posar para as câmaras e dar entrevistas. Um senador me pediu permissão para cantar "Blowing in the wind" em homenagem à Irmã que deixou os Estados Unidos para dedicar sua vida aos povos da Amazônia e lutar contra a destruição escandalosa dessa maravilha que Deus criou. Enquanto o senador cantava, inventei no meu coração mais uma estrofe: "Quantas pessoas na Amazônia ainda precisam morrer, quantas árvores ainda serão derrubadas, quantas florestas queimadas, quantas terras despojadas, quantas fontes poluídas, quantos rios sacrificados?". *The answer, my friend, is blowing in the wind.*

Dorothy não foi a última a ser assassinada na Amazônia. Após aquele fatídico 12 de fevereiro de 2005 outras mulheres e homens morreram "de morte matada". E os assassinos, em sua maioria, permanecem em liberdade, curtindo as regalias da impunidade. Mesmo se condenados, logo mais são beneficiados com saída temporária, prisão domiciliar ou então, graças à "boa conduta", recebem suspensão condicional da pena. A desfaçatez de Rayfran das Neves, que executou a Irmã e hoje goza do privilégio de prisão em regime semiaberto, ultrapassa todos os limites. Hoje ele incrimina a Irmã de formação de quadrilha para dar a impressão de que apertou o gatilho em legítima defesa. Declara que ela fornecia armas aos colonos e "mandou matar um gerente de uma fazenda, a mulher do gerente, a filha do dono. Ela mandou matar, sabe?".[1] É terrível ouvir isso da boca de quem a matou. A vítima vira ré na narração do criminoso. Pior é que, meses antes da morte de Dorothy, estas calúnias tinham sido espalhadas em Anapu por pessoas que não escondiam seu ódio pela Irmã, vendo-a como obstáculo aos seus interesses e ambições. Ninguém foi inquirido em juízo sobre as razões dessa virulenta campanha difamatória.

---

[1] Revista *Época*, entrevista de Aline Ribeiro com Rayfran das Neves, assassino confesso da Irmã Dorothy Stang, 17.11.2011.

Prefácio à edição brasileira Irmã Dorothy

Sepultei a Irmã lá onde ela queria ser sepultada, à sombra de árvores frondosas, bem próximo ao pacífico rio Anapu. No enterro, não havia mais nenhuma comitiva de políticos. Somente o povo que a amava e que ela amava, mulheres e homens da Transamazônica. Lembrei o dia em que ela veio comigo e me fez o pedido de trabalhar entre os pobres mais pobres que existiam na Prelazia do Xingu. Sugeri que fosse à Transamazônica-Leste, a área que se tornaria mais tarde o município de Anapu. Recordei sua fala mansa nas reuniões ou em conversas comigo, mas também sua intrepidez e intransigência quando se tratava de defender as famílias de colonos contra madeireiros ilegais, vorazes grileiros[2] e insaciáveis fazendeiros que queriam apoderar-se dos lotes em que o Governo havia assentado agricultores, até então "sem terra". Dorothy apoiou os Projetos de Desenvolvimento Sustentável (PDS) em favor de famílias de agricultores que assim puderam, no uso racional de recursos naturais, viver em sintonia com a flora e a fauna da Amazônia, sem destruí-la, sem arrasá-la. Agora sua missão foi brutalmente cortada e as famílias dos agricultores novamente se encontram ameaçadas por madeireiros, grileiros e fazendeiros e seus correligionários políticos, todos eles confundindo desenvolvimento com saqueio inescrupuloso das riquezas naturais.

Na mídia, Irmã Dorothy é frequentemente chamada de "missionária" Dorothy Stang, "missionária" infelizmente não na perspectiva do Documento de Aparecida: "O discípulo e missionário, movido pelo estímulo e ardor que provêm do Espírito, aprende a expressá-lo no trabalho, no diálogo, no serviço e na missão cotidiana" (DAp, n. 284), mas "missionária" no sentido de indicar uma pessoa que veio de fora para, na visão das comunidades

---

[2] Na Amazônia se chama de "grileiro" a quem invade terras da União e se apodera de imensas áreas, forjando, se for necessário, documentos para comprovar a "legitimidade do patrimônio". Os "títulos" são envelhecidos artificialmente. Deixa-se passar o grilo por cima dos papéis.

pentecostais, procurar adeptos para sua Igreja. Dorothy não fez nada disso. A partir de uma mística arraigada na Palavra de Deus viveu seu compromisso com os mais pobres, com os deserdados da história, com os expulsos do festim da vida. Não mediu esforços para chegar até a última comunidade nos fundos de uma vicinal da Transamazônica, para reunir o povo e incentivá-lo na luta pelo merecido respeito à dignidade inerente a todo ser humano, feito à imagem e semelhança de Deus (cf. Gn 1,26). Dorothy costumava ler a Bíblia para seu povo: "E Deus os abençoou e lhes disse: Sejam fecundos e multipliquem-se, encham e submetam a terra" (Gn 1,28). Só que essa tradução nunca lhe agradou. Em vez de "submetam a terra" ela preferia "cuidem dela", "zelem por ela".[3] Ela bem intuiu que o ser humano só sobrevive se cuidar do lar que Deus criou para todos. A defesa da vida humana inclui a defesa do meio ambiente, do espaço que um povo habita. Por causa desta sua convicção e de seu amor aos povos da Amazônia, Irmã Dorothy morreu. E é esse o legado que ela nos deixa, a nós que continuamos a defender a Amazônia, mas também às mulheres e aos homens de todos os continentes que lutam em favor da mãe Terra.

Dorothy morreu como "Irmã", irmã dos pobres da Transamazônica e irmã da Criação de Deus.

Erwin Kräutler
Bispo do Xingu

---

[3] As traduções "submeter e dominar" têm que ser entendidas a partir do mundo cultural da Bíblia. "Submeter" (*kabash*, em hebraico) significa "tomar posse da terra, cultivando-a e zelando por ela como lar de todos os seres criados". "Dominar" nos faz pensar em "subjugar", "escravizar" ou "exercer poder ditatorial". Mas o verbo *radah*, em hebraico, tem antes o sentido de "cultivar", "cuidar", "organizar", "pôr ordem".

Apresentação

É com particular prazer que apresento este livro do teólogo Valentino Salvoldi, dedicado à vida humana – extraordinária no dia a dia de uma vocação religiosa – de Irmã Dorothy Stang, "verdadeiro enviado de Deus... pela personalidade tão fascinante e familiar". As páginas poéticas, biográficas, de denúncia e de estímulo para com os altos ideais que aqui se leem me colocaram em sintonia particular com o que foi escrito pelo autor.

Com efeito, as *páginas poéticas* do livro, inspiradas especialmente nos Salmos e na Sagrada Escritura, que descrevem as imagens do Brasil, um imenso país com natureza esplêndida e exuberante, presa de quem explora, sem escrúpulos e sem respeito pelo homem e pelo ambiente, as suas enormes riquezas naturais, falam não só ao meu coração de biblista, mas também ao meu coração de pastor.

De um pastor que viu de perto os recursos naturais do continente africano, o seu continente, explorados de modo devastador, que viu a destruição dos mananciais de água causar a desertificação, que viu as consequências das extrações, por ação das multinacionais, de petróleo, ouro e minerais preciosos guardados no subsolo africano provocar verdadeiras crateras, tornar incultiváveis grandes extensões de terra, devastar florestas.

Lendo as *páginas biográficas* dedicadas à vida da Irmã Dorothy, repensei e reconsiderei a vida de tantos missionários que conheci na África. Uma existência, a da religiosa norte-americana, dedicada aos pobres e aos pequenos, de modo radicalmente evangélico, usando, para a sua defesa, apenas a arma da Bíblia. A descrição do assassinato, dos últimos momentos da vida de Irmã Dorothy, em que morre, exatamente, segurando numa mão o volume da Sagrada Escritura, é de uma dramaticidade igual àquela evocada pelas imagens do seu corpo abandonado por horas na lama, no temor de que um ato de misericórdia humana, como é o do sepultamento dos cadáveres, pudesse ter consequências letais para os seus amigos e protegidos.

Encontrei, nas *páginas de denúncia das injustiças*, nas quais se reflete o que caracterizou o compromisso de Irmã Dorothy ao serviço dos pobres, que vivem num ambiente natural, cujo equilíbrio corre cada vez mais perigo, o compromisso que deve ser de toda a Igreja, embora assuma modalidades diferentes. Eu mesmo, quando era responsável pela cura pastoral dos fiéis da diocese de Cape Coast, em Gana, manifestava regularmente às autoridades civis as preocupações minhas e de toda a Igreja, em particular, acerca da exploração, não submetida aos devidos controles e cautelas, dos recursos do nosso país.

Também na minha nova qualidade de presidente do Pontifício Conselho Justiça e Paz tive oportunidade de chamar com firmeza a atenção da comunidade internacional, reunida em Nova York em 20 de setembro de 2010, para avaliar a caminhada realizada no cumprimento das *Millennium Development Goals* ("Metas de desenvolvimento do milênio"), sobre a absoluta necessidade de garantir, na luta internacional contra a pobreza, também uma gestão responsável da criação.

Apresentar a visão da Igreja no âmbito das organizações internacionais inclui também a necessidade de lembrar verdades incômodas e não compartilhadas por representantes de governos

———————— Apresentação ————————

preocupados, sobretudo, com os interesses dos seus países – se não dos poderosos dos seus países – também com respeito aos *public common goods*, como são alguns dos recursos naturais e a salvaguarda do equilíbrio ecológico no seu conjunto.

Afirmar que a Igreja – a qual tem uma responsabilidade pela criação que deve fazer valer também em público (cf. *Caritas in Veritate*,[1] n. 51) –, enfrenta o cuidado e a proteção do ambiente, como todos os problemas que dizem respeito ao desenvolvimento, do ponto de vista da pessoa humana e que, portanto, todos os programas ecológicos e as iniciativas de desenvolvimento devem respeitar a plena dignidade e a liberdade de quem quer que se interesse por tais programas, é, em suma, uma forma particular de denúncia.

Encontrei, enfim, nas *páginas didáticas*, especialmente na reprodução do capítulo IV do *Compêndio da Doutrina Social da Igreja*, uma das minhas atuais e principais preocupações no serviço do Pontifício Conselho Justiça e Paz: fazer reconhecer a doutrina social da Igreja e servir-se dela como instrumento de discernimento numa realidade social que se torna, por toda parte, sempre mais complexa. A promoção da justiça e da paz contempla também, e sempre mais, uma importantíssima fase educativa no campo ambiental, como bem sublinhou Bento XVI na *Mensagem para a celebração do Dia Mundial da Paz de 2010*.[2] Nesse do-

---

[1] BENTO XVI. *Caritas in Veritate*. Disponível em: <http://www.vatican.va/holy_father/benedict_xvi/encyclicals/documents/hf_ben-xvi_enc_20090629_caritas-in-veritate_po.html>.

[2] BENTO XVI. Mensagem de sua santidade *Bento XVI* para a celebração do Dia Mundial da Paz: *"Se quiseres cultivar a paz, preserva a criação"*. Disponível em: <http://www.vatican.va/holy_father/benedict_xvi/messages/peace/documents/hf_ben-xvi_mes_20091208_xliii-world-day-peace_po.html>.

cumento o Papa encorajava a "educação a uma responsabilidade ecológica" que salvaguarde uma autêntica "ecologia humana" e o patrimônio dos valores da humanidade inscrito na lei moral natural, fundamento do respeito pela pessoa humana e pela criação (cf. n. 12), porque o "livro da natureza é uno e indivisível, tanto sobre a vertente do ambiente como sobre a vertente da vida" (cf. *Caritas in Veritate*, n. 51).

Enfim, vejo esta preocupação da Igreja, na sua função de "mestra", plenamente realizada pela herança humana, cultural e espiritual deixada à Irmã Dorothy pela sua família, herança que desejaria que todos fizéssemos nossa. Irmã Dorothy dizia:

> O grande amor pela terra que eu nutro vem da minha família. Eu o devo a eles. Meu pai lavrou a terra por muitos anos, desde a infância. Ele sempre me ensinou que é preciso lavrar a terra de modo tal que, quando se terminou o trabalho, a terra esteja mais rica do que quando se começou a lavrá-la.

Desejo verdadeiramente que este livro seja uma contribuição para aprender a lavrar a terra de modo a torná-la mais rica, com a consciência que da saúde dela depende a vida de todo o povo de Deus.

Cardeal Peter K. A. Turkson
Presidente do Pontifício Conselho Justiça e Paz

Introdução

As árvores são as colunas do céu

É verão de 1989. Os ambientalistas organizaram um congresso internacional em Manaus, para sensibilizar a humanidade acerca do desastre que está sendo perpetrado na Amazônia: cada ano é queimada uma extensão de floresta igual ao tamanho da Lombardia e da Suíça, enquanto são barbaramente eliminados os índios, que, como casa, têm apenas a floresta, com suas árvores. As árvores, as colunas do céu.

Meu irmão GianCarlo e eu quisemos levar a nossa contribuição – além da solidariedade – tanto em âmbito político como em âmbito teológico. Sobre Porto Velho entramos num céu plúmbeo: relâmpagos, trovões... O avião está caindo. Salva-se por milagre. Lula, então candidato à presidência, está sentado ao nosso lado; também ele não pode ter deixado de rezar. Ele nos encoraja: não podemos morrer no avião, porque o nosso trabalho pela floresta é precioso demais. Também o Senhor da criação está preocupado.

Em Manaus, o Bispo Moacir Greci nos dá a imagem de como deve ser o "pastor" de uma diocese: vestido à paisana, passa pelas ruas da sua cidade sorrindo para todos. As crianças correm ao encontro dele chamando-o de "Moacir". Os jovens colocam as mãos nos seus ombros e lhe perguntam: "Moacir, já comeu? Quer beber alguma coisa?".

Ele nos leva à sua casa e nos mostra sorrindo o muro enegrecido por duas bombas que explodiram de noite. E nos garante que não interessa a ninguém matar um pobre bispo. Não se sente tão importante como Chico Mendes, morto há poucos meses, resposta bárbara à sua luta em defesa dos índios e dos seringueiros.

Depois nos apresenta Irmã Inês, religiosa extraordinária que nos leva a uma distante aldeia de índios, navegando pelo encantador rio Amazonas. Viagem longa, que nos permite admirar, além da encantadora natureza, a beleza da existência dessa religiosa totalmente entregue a Deus, através do trabalho pelos mais pobres dos seus filhos.

Nessa irmã – e em todos que como ela se dão totalmente ao serviço dos pobres e à salvaguarda da criação – vai imediatamente, com preocupação, o meu pensamento, enquanto me horrorizo com a notícia do assassinato de Irmã Dorothy Stang. A notícia de sua morte deu a volta ao mundo.

Agora sinto a necessidade de falar dela, primeira mártir da criação, para que a sua lembrança não caia no esquecimento. Para que não tenha morrido em vão.

E enquanto conto a sua história, tenciono relembrar Irmã Inês e todos aqueles religiosos e aquelas religiosas que estão empenhando a sua vida para levar avante a mensagem de amor ao Criador, à criação e a esta humanidade que deveria ver nas árvores as colunas deste templo sagrado: a terra. Amor que deu vida a Dorothy, concebida no providencial plano de salvação daquele Deus que escolhe os humildes para confundir os soberbos, e que abate os poderosos e eleva os pequenos, os pobres, os últimos.

PRIMEIRA PARTE

A vida de Dorothy Stang

Irmã Dorothy:
uma vida pela Amazônia

A sua arma: a Bíblia

"Se tiver de acontecer algo grave hoje, aconteça a mim e não aos outros, que têm família." Assim sussurra Irmã Dorothy a Ivan, um camponês que a está acompanhando a um encontro de índios e seringueiros em Boa Esperança, na floresta amazônica.

A consagrada tem o pressentimento de que chegou a sua "hora", que para o crente é morte e ressurreição. Ela sabe que está na lista da morte, mas isso não a impede de continuar o seu compromisso de ser voz dos sem voz, de apoiar pequenas comunidades cristãs na luta pelos direitos dos mais pobres, privados da sua terra, único meio para sobreviver, com uma economia de subsistência. Ivan procura consolar Dorothy: "Os latifundiários são maus, nunca estão satisfeitos com os seus bens. Mas não farão nada de mal a uma freira".

Passam poucas horas. Dois homens armados barram a estrada. Perguntam se Dorothy tem uma arma. Ela tira da sua pobre bolsa de plástico – que contém os mapas que provam que a terra é dos camponeses – a Bíblia: "Esta é a minha arma". Abre a Bíblia e lê as bem-aventuranças. Seis tiros de pistola. Depois, a fuga dos dois matadores pagos pelos latifundiários.

Quem a conheceu afirma que toda a sua existência esteve orientada para esse encontro, num canto da floresta amazônica. O encontro com o Senhor da sua vida, que a chamou para ser a primeira mártir da criação. Mártir para a preservação de uma beleza que lembra a Beleza absoluta.

"A morte da floresta é o fim da nossa vida" – estava impresso na camiseta de malha que Dorothy vestia quando foi tirada a sua última fotografia. *Slogan* ambientalista? Não, é um hino à vida, tornado ainda mais belo porque o assassinato que lhe destruiu o corpo exaltou uma mensagem válida não só para a Amazônia, mas também para o planeta inteiro. Pode-se disparar contra um corpo, mas não contra as notas da canção cantada por uma pessoa "louca por amor", apaixonada pelas bem-aventuranças.

A família: o primeiro convento

No final da década de 1930, ninguém põe em dúvida que a pessoa deve à sua família 60% do que ela é. A sociedade influencia a pessoa em cerca de 25% e os restantes 15% recebe da escola. Por isso a formação das crianças católicas baseia-se predominantemente no ensinamento aprendido "por conaturalidade", em família: aprende-se a amar porque se é amado.

Henry Stang é tenente-coronel, homem de carreira militar, que educa os nove filhos no rigor típico da sua profissão. Cabe à mãe, Edna, temperar o rigor paterno com a doçura e a ternura típicas das mulheres dotadas de uma grande fé.

Dorothy nasce em Dayton, em 7 de junho de 1931. Cresce numa família profundamente religiosa: a missa diária de manhã, o rosário de noite, a oração antes das refeições. Oração e testemunho de caridade: a casa está aberta aos pobres, porque "a caridade é o coração da fé", dizem os pais, "e dar aos outros é um sinal essencial

Dorothy Stang quando menina – Dayton, Ohio, 1939.

do próprio ser cristão". Não é de espantar que nessa família floresceram vocações religiosas: dois filhos entram no seminário e três filhas no convento. Realmente, para todos, o primeiro seminário ou o primeiro noviciado é a família.

Sentir-se chamado à vida religiosa não é automaticamente uma garantia de santidade. Dorothy contará mais vezes o seguinte fato: a mãe quer que ela se exercite ao piano. Mas há pouco tempo ela ganhou de presente uma bicicleta. Está estacionada debaixo da janela do seu quarto. Para mostrar à mãe que é obediente, toca algumas notas e depois sai pela janela e vai pedalar nos bosques. Um buraco. Um tombo. Manchas roxas no corpo e dois dentes quebrados. Mas aprendeu a lição: "Toda escolha nossa tem as suas consequências".

Durante os anos da escola superior é muito ativa nas organizações escolares. Faz parte de um grupo restrito, os "jovens estudantes cristãos", comprometidos em trabalhar juntos, visando ao bem comum, guiados pelo lema: "ver, julgar, agir". Tornar-se-á líder desse grupo, que estimula o seu desejo de comunicar a todos a mensagem evangélica.

Nas pegadas de Santa Júlia Billiart

Aos dezoito anos, Dorothy está fascinada pela figura de Santa Júlia Billiart. É atraída pela escolha dos pobres, pela vida e pela espiritualidade da fundadora das Irmãs de Nossa Senhora de Namur. Visto que esse encontro marcará decisivamente toda a existência de Dorothy, vale a pena conhecer aquela santa que tem hoje mais de cinco mil consagradas que seguiram as suas pegadas.

Nascida em Cuvilly, aldeola da Picardia, na França, em 12 de julho de 1751, de família de modestos comerciantes, Júlia se distingue desde pequena pela sua inteligência, vivacidade e sensibilidade.

Com apenas oito anos, improvisa, diante dos seus contemporâneos, como professora de catecismo e de história sagrada. A infância e a adolescência de Júlia estão marcadas por uma série de desgraças: a morte de quatro dos seus seis irmãos, a constante piora da situação econômica familiar, já precária, e doenças persistentes e gravíssimas que atingem a jovem Júlia, paralisada com apenas vinte e três anos. Mas a confiança da jovem na bondade do Senhor não falha: mesmo nos momentos mais duros e apesar da doença, mesmo quando a Revolução Francesa torna difícil viver abertamente a própria fé, Júlia prossegue imperturbada no seu caminho.

"Como o Senhor é bom!" – é o louvor que acompanhará Júlia Billiart em toda a sua existência. Ela continuamente cantará a bondade do Senhor, enquanto transformará em oração as penas e os sofrimentos de cada dia.

Numa Sexta-feira Santa, contemplando em oração os mistérios da Paixão, Júlia é tomada de um sentimento difuso de alegria. Com o rosto radiante, as mãos fechadas, os olhos veem o monte Calvário e ao pé da cruz uma fila numerosa de virgens. São irmãs, com um hábito que nunca tinha visto antes: "Estas são as filhas que te dou, no Instituto que será marcado pela minha cruz". Júlia não compreende logo o significado dessa visão, que lhe ficará impressa por toda a vida. Graças à ajuda de Francisca Blin de Bourdon, que pertencia a uma das mais nobres famílias francesas, que em Júlia descobre uma preciosa guia para a sua vida espiritual, a jovem, agora enferma, dá vida em redor do seu leito a um verdadeiro cenáculo de formação cristã, enquanto já é clara a sua verdadeira vocação: dedicar-se à instrução cristã da juventude. Em Amiens, em 1803, abre um orfanato.

Em 2 de fevereiro de 1804, a heroica paralítica, junto com Francisca Blin e Catarina Duchatel, emite o voto de castidade, acompanhado pelo voto de dedicação à instrução dos pobres. As novas religiosas se chamam Irmãs de Nossa Senhora. A reputação de catequista que Júlia obtém é agora geral. A multidão se apinha perto dela para ouvi-la... E eis que o Senhor, em julho de 1804, durante uma novena ao Sagrado Coração de Jesus, lhe restitui miraculosamente a saúde.

Desde então, após um retiro de agradecimento e de orientação, lança por toda parte a semente da oração. Se a sociedade, depois da tempestade da Revolução, deve mudar, é preciso começar pela base, educando a infância. Educá-la significa lançar fundamentos sólidos sobre os quais outros construirão depois. Namur é a cidade escolhida pela Providência para asilo do Instituto de Nossa Senhora.

Dessa pequena cidade será levado por toda parte o grito: "Como o Senhor é bom!". A Congregação das Irmãs de Nossa Senhora de Namur, desde a sua fundação até hoje, realizou de modo extraordinário a aspiração da fundadora: "Quero fazer-me ouvir pelo universo inteiro para convidar todos os homens a bendizer comigo as misericórdias do Senhor".

"A juventude é chamada ao heroísmo"

Como estudante na escola das Irmãs de Nossa Senhora de Namur, Dorothy faz sua a espiritualidade e o carisma dessas religiosas. À vida de oração une um profundo amor pelas missões. Alimenta o sonho de consagrar a existência ao serviço dos "infiéis" da China.

Estamos no período em que o Papa Pio XII escreve a encíclica *O corpo místico de Cristo*, na qual acentua fortemente a ideia de que uma pessoa tem o poder de influenciar toda a humanidade, introduzindo nela o amor ou o ódio. Dorothy se convence que pode – como Santa Teresa do Menino Jesus – levar muito amor ao mundo. Em 1948, pede para ser aceita como noviça das Irmãs de Namur em Reading, Ohio.

Que desilusão o primeiro dia no convento, quando vê que nos quartos há camas! Ela pensava que havia de dormir no chão e fazer muita penitência. Logo se aperceberá que a verdadeira penitência é a obrigação do silêncio e a estrita obediência da regra. Mas para ela, no entusiasmo dos primeiros tempos, seria melhor mortificar mais o corpo. Os pobres sabem que "a juventude é chamada ao heroísmo".

"As alegrias, as dores e as esperanças"

O pai de Dorothy não estava contente com a filha tornar-se religiosa. Além do mais, já tinha notado que a moça tinha um amigo particular: seria preciso abandonar o sonho do matrimônio? Mas a mãe se impõe para que nenhum obstáculo impeça o ímpeto juvenil de Dorothy de consagrar-se totalmente a Deus. E a consagração ocorre em janeiro de 1951. Prostrada diante do altar com o hábito de noiva, é revestida com a austera divisa das Irmãs de Namur e pronuncia os votos de pobreza, castidade e obediência, enquanto o coro canta as palavras pronunciadas por Cristo durante a última ceia: "Não fostes vós que me escolhestes, fui eu que vos escolhi e vos designei, para dardes fruto e para que o vosso fruto permaneça" (Jo 15,16).

Talvez Dorothy não saiba que já está dando fruto, porque, na mentalidade hebraica, dar fruto não significa principalmente realizar obras, mesmo boas, mas estar em condições de poder orar, amar e louvar o Criador. Contudo, no momento oportuno, ela dará frutos de amor pelo bem da humanidade, mas já no convento, na sua vida de oração, está dando frutos em prol da humanidade, enquanto compartilha em tudo a difícil vida da comunidade.

Com a profissão religiosa, a irmã muda de nome. É dado a ela o nome de "Irmã Mary Joachim", mas, pelo que parece, todos continuaram a chamá-la de Dorothy. Agora usa embaraçosas vestes oitocentistas, mas não demorará, ao chegar ao Brasil, a vestir-se à paisana, com roupas claras e uma grande cruz de madeira ao pescoço.

O seu primeiro encargo foi o de professora na St. Victor School, na cidade de Calumet, em Illinois. Não é bem recebida ali, exatamente por causa de sua pouca idade e a seriedade dos problemas a enfrentar. Mas ela se sai bem, deixando transparecer o seu talento natural para o ensino. Também não pôde passar despercebido o seu amor pelos estudantes.

Fica ali até agosto de 1953, quando responde a um apelo da superiora-geral, que procura quem está disposta a ir em missão para a Amazônia, para lá abrir uma nova escola.

Não é a realização do sonho de ser missionária na China, mas é, de qualquer modo, o chamado para uma missão. E Dorothy responde dando a sua disponibilidade, como voluntária.

À espera da partida, ensina na St. Alexander School (Illinois) e na Most Holy Trinity School (Phoenix, Arizona). Aqui vive pobremente e se dedica, nas horas livres do ensino, a trabalhar com imigrantes.

Nesses anos, o Movimento dos Direitos Civis traz à luz o problema do racismo e de todas as injustiças sofridas pelos afro-americanos. Entrementes, na Igreja está sendo celebrado o Concílio Vaticano II (1962-1965), que convida o Povo de Deus a trabalhar pela justiça.

É a época da *Gaudium et Spes*, documento conciliar que abre a Igreja para o mundo:

As alegrias e as esperanças, as tristezas e as angústias dos homens de hoje, sobretudo dos pobres e de todos aqueles que sofrem, são também as alegrias e as esperanças, as tristezas e as angústias dos discípulos de Cristo; e não há realidade alguma verdadeiramente humana que não encontre eco no seu coração.[1]

Em 1963, o Papa João XXIII lançara um apelo a todas as freiras da América do Norte para que se dispusessem a dar 10% do pessoal das diversas congregações ao serviço dos pobres da América do Sul. Todas essas circunstâncias fazem com que se concretize o sonho de Dorothy: ser missionária, no Brasil, em 1966.

No quadro da Teologia da Libertação

Para preparar-se para a nova vida, Dorothy se inscreve no Centro de Formação Intercultural e mergulha, antes de tudo, no estudo da língua portuguesa. Tarefa que não é fácil para uma pessoa cuja língua-mãe é o inglês, língua pouco propensa e não habituada a estudar, compreender e falar outras línguas. Cada dia estuda por seis horas o português, depois história do Brasil, política, as várias religiões, usos e costumes do povo. As ideias acentuadas pelos docentes do Centro não são nada agradáveis de se ouvir: o Brasil foi colonizado com a cruz e a espada. Os portugueses trouxeram para a América os escravos africanos, batizados à força, e impuseram a todos o Catolicismo. A conversão não foi acompanhada de formação. As regras impostas diziam respeito, sobretudo, à moral sexual e à obrigação da missa dominical. A inculturação falha do Cristianismo na cultura brasileira levou, inevitavelmente, ao sincretismo...

---

[1] CONCÍLIO VATICANO II. *Gaudium et Spes*, n. 1. Disponível em: <http://www.vatican.va/archive/hist_councils/ii_vatican_council/documents/vat-ii_const_19651207_gaudium-et-spes_po.html>.

Dois docentes do Centro, no momento em que Dorothy frequenta, se tornaram famosos líderes da Teologia da Libertação: Padre Gustavo Gutiérrez e Padre Jon Sobrino, profetas nas suas denúncias contra a exploração dos pobres por parte dos latifundiários e contra o absurdo que na América Latina haja pouquíssimas famílias muito ricas e quase uma totalidade de "miseráveis".

Os teólogos da libertação convidam à fidelidade ao Evangelho, colocando à luz que

> na América Latina, o desafio não é em primeiro lugar dos não crentes, mas das "não pessoas", quer dizer, de todos os que não são reconhecidos pela ordem social dominante como pessoas: os pobres, os explorados, os que são sistemática e "legalmente" espoliados do seu *status* de seres humanos. As "não pessoas" são o verdadeiro desafio: a sua existência é um convite a uma transformação revolucionária da própria fundação da sociedade desumanizante (G. Gutiérrez).

Os teólogos da libertação só podem ser compreendidos no contexto cultural, político e social da América Latina, assim como se pode compreender Irmã Dorothy à luz dos ensinamentos transmitidos nesse Centro Intercultural, mas, sobretudo, graças à escolha de pôr-se na escola dos povos empobrecidos.

Os "empobrecidos" devem dar, segundo a lei, 10% dos produtos da terra ao latifundiário, mas este exige deles mais de 50%. A lei permite que os pobres recolham tudo o que cresce espontaneamente na floresta, mas os latifundiários mandam os pobres para a floresta para recolher tudo aquilo que podem, e devem vender a eles, por um preço inferior ao do mercado. Por lei os pobres também teriam, teoricamente, direito de exigir dos latifundiários tudo o que é necessário para trabalhar e para viver, mas os "donos"

A família Stang. Dorothy é a menina na primeira fila, a terceira à esquerda.

consideram os operários como sua propriedade, como, no passado, eram considerados os escravos.

    Irmã Dorothy, conhecendo a lei, se esforça por ensinar aos camponeses e aos trabalhadores da floresta que têm *direitos*, além de deveres. Direitos reconhecidos a todos os seres humanos. Direitos que têm o seu fundamento no Evangelho, o qual põe à luz a nobreza absoluta de toda pessoa, que tem um lugar específico, único e irrepetível no mundo, na sociedade e na Igreja. Sua principal preocupação é dar aos leigos espaços concretos nos quais agir, emergir e exercer a sua vocação de serem "profetas, sacerdotes e reis", por força do Batismo. Quem assume com coerência os compromissos desse sacramento testemunha que a evangelização e a vocação missionária não são atribuição só do clero, mas carisma que deve ser vivido por cada batizado.

Dorothy aprende essa lição não tanto porque é o objeto principal da Teologia da Libertação, mas porque vê crianças com barriga inchada e pernas magérrimas, e aqueles peitos que mostram todas as costelas.

As suas ideias e a opção preferencial pelos pobres são reforçadas pela Conferência dos Bispos da América Latina realizada em Medellín, Colômbia, em 1968. Aquela Igreja local toma fortemente posição contra a violência perpetrada pelos ricos, pelos dominadores, "uma violência institucionalizada", e passa decisivamente de uma religião celebrada pela liturgia para uma espiritualidade centrada na necessidade de ser voz profética e agência de justiça social. Seu objetivo: transformar a população com base nos critérios apresentados por Cristo no discurso na montanha.

Naturalmente, os ricos latino-americanos acusam a Igreja de ter caído nas mãos do comunismo. Quem trabalha pelos pobres é considerado subversivo e, como tal, candidato à prisão, à tortura e à morte. Isso é lei nos países com regime militar. Dorothy está consciente de tudo isso e procura bispos que a encorajem na escolha de ser coerente com o Evangelho até o fundo.

Numa carta fala do Bispo Motta de Coroatá: sente-se encorajada por uma pregação que o prelado fez em comentário à história bíblica da rainha Jezabel (1Rs 21,1-16), que mandou assassinar um pobre camponês porque o marido queria a todo custo a vinha dele. A vinha de Nabot... E o profeta Elias não pôde ficar calado:

> "'Assim fala o Senhor [...]'. 'Sim, eu te apanhei. Porque te vendeste para fazer o que desagrada ao SENHOR, farei cair sobre ti a desgraça: varrerei a tua descendência. Eliminarei da casa de Acab todo macho de qualquer categoria em Israel.' [...] 'Os cães devorarão Jezabel no campo de Jezrael [...]'" (1Rs 21,19-23).

Os latifundiários presentes à pregação ficaram horrorizados e conjuraram contra o bispo, ao passo que as mesmas palavras tornaram Dorothy sempre mais convicta da necessidade de ajudar os pobres e de orar pela conversão dos ricos.

A Bíblia restituída aos pobres

A pequena comunidade das Irmãs de Notre Dame em Coroatá se adapta a viver com base nas necessidades da comunidade. Cria certa perplexidade ver irmãs à paisana prestarem-se para todo tipo de trabalho, desde o ensino ao exercício das obras de misericórdia corporal, do comentário à Bíblia à ajuda prestada às mulheres no parto. Mas o que mais desconcerta é ver aquelas irmãs conduzindo um carro. Bem depressa a gente se dá conta, porém, que as mudanças são feitas em benefício dos pobres: o jipe se transforma numa enfermaria ambulante.

Dorothy relembra um caso em que uma mulher pede para ser levada ao hospital porque sofre demais nas dores do parto. O pobre jipe deve enfrentar uma estrada na qual os buracos são mais numerosos que os trechos planos, o que ajuda a mulher a parir uma bela menina, a quem a mãe dá o nome de "Maria Jipi", exatamente para lembrar o que aconteceu no jipe.

Junto com os sacerdotes, as irmãs instruem a comunidade sobre os direitos humanos. O ensino delas é dado a todos, sistematicamente, graças à criação das "pequenas comunidades de base". Grupos voluntariamente restritos de cristãos se reúnem para analisar as necessidades da comunidade. Comparam essas necessidades com a Palavra de Deus. Resumem tudo em longas orações espontâneas. As reflexões terminam depois na Santa Missa, quando o padre está disponível, ou, então, numa paraliturgia, na qual se lê o Evangelho, faz-se o ato penitencial e a distribuição da Eucaristia.

Nas pequenas comunidades de base se desenvolve um grande senso de justiça. Há uma crescente conscientização dos direitos humanos. Começam a ser insinuadas ideias sobre a necessidade de parar de pagar arrendamentos absurdos aos latifundiários. E estes não demoram a se fazer ouvir.

Dorothy conta que em 5 de agosto de 1970 homens armados vão ao centro paroquial para amedrontar as mulheres que estão fazendo um retiro espiritual com as religiosas. Há também um grupo de homens que vieram para aprender o que deviam fazer para formar uma "união de trabalhadores". Começam os tiros. As irmãs conseguem esconder os homens numa garagem e mandá-los de volta no dia seguinte às suas cabanas. Não acontece nada de grave, porque tudo se limita a tiros para o ar. De qualquer modo, as irmãs estão preocupadas. O que não impede que Irmã Dorothy atenda a um chamado urgente, naquela mesma noite, de uma mulher que não conseguia dar à luz o filho. O chamado a exercer a caridade custe o que custar pôde mais que as preocupações das religiosas.

Outro trabalho ao qual a Irmã Dorothy se dedica é o realizado com as prostitutas. Basta um comentário: "Quando a freira encontra a prostituta, esta se sente mulher".

Em 1971, Edna, a mãe de Dorothy, vem fazer-lhe uma visita. É imensa a sua alegria pelo encontro e pelo presente, um microscópio. Instrumento particularmente importante para reconhecer logo as doenças, especialmente aquelas que atacam quase todos: os vermes intestinais. Esse presente a estimula, depois, a fazer um curso de enfermagem com a amiga Becky, ambas ajudadas por um jovem médico, que chegou ao lugar para ensinar às pessoas as mais elementares normas de higiene.

Enquanto as coirmãs de Dorothy, em 1974, decidem ir para outro lugar desenvolver outras atividades, ela e Irmã Joan ficam

Dorothy no uniforme da Julienne High School, 1946.

na cidade de Coroatá para continuar o seu trabalho com os mais pobres, aos quais querem "restituir" a Palavra de Deus. Em sinal de reconhecimento, a população pede que seja dada às duas religiosas a cidadania honorária. Elas aceitam com uma condição: que todos os pobres da comunidade estejam presentes quando for conferida a honraria. É um dia de festa para todos e um sinal de que as coisas começam a se mover, a melhorar. Sinal que dura pouco.

Padres, religiosos e freiras são rapidamente vítimas de pressões por parte do regime militar: quem quer que ajude os pobres é considerado comunista. E comunista é também julgado Paulo VI, que acaba de publicar a sua encíclica *Populorum Progressio*. Nela, o papa denuncia o abismo que se está criando entre ricos e pobres. Fala de justiça distributiva. Convida os países ricos a dar pelo menos 1% do produto nacional bruto em favor dos indigentes. E termina com o desconcertante desafio de ajudar os povos empobrecidos, por motivos humanos, sociais e religiosos. Conclui com a advertência e o convite a escutar as suas palavras pelos motivos expostos ou por "conveniência". De fato, "é preciso temer a ira dos povos pobres que, quando entrarem em cena, nos esmagarão".

Dorothy lê essa encíclica à luz do ensinamento do Concílio Vaticano II e dos documentos de Medellín e está sempre mais convencida de que a Bíblia deve ser levada a sério e não diluída. Seria uma traição contra aqueles pobres, aos quais ela pertence.

Um chamado ainda mais radical

A Diocese de Marabu, no estado do Pará, comunica aos religiosos que se encontra numa condição particularmente grave, pela falta de padres e de pessoal disponível para exercer os ministérios indispensáveis para a vida cristã. Irmã Dorothy aceita fazer uma visita àquela região e fica muito bem impressionada pelo testemunho de vida do bispo e do clero. Pobreza extrema, essencialidade de relações, vontade de confrontar-se com a Bíblia. A proposta que o bispo faz a Irmã Dorothy e a Irmã Becky, depois de ter ouvido as exigências delas de trabalhar no interior da floresta, lá aonde ninguém quer ir, é que elas se comprometam pelo menos por três anos, recebendo uma ajuda financeira de duzentos dólares mensais cada uma.

É fácil imaginar o fascínio que a floresta exerce sobre a alma de Dorothy e de sua amiga. Provavelmente só entende isso quem o experimentou, como aconteceu comigo, na floresta amazônica, graças às confidências da Irmã Inês e ao entusiasmo de meu irmão. Ele me indicava as maravilhas de uma mata virgem, milenar, presente aos nossos olhos como Deus a tinha planejado. Aquele verde escuro. Aquelas árvores que formam catedrais vivas. Pássaros de várias cores, sobretudo araras. Imensos troncos com copa frondosa. As majestosas castanheiras... Tudo canta o louvor do Criador.

Mas quanto maior é o fascínio dessa imensa floresta, tanto mais estridente é o contraste com o desafinado ruído da motosserra, que anuncia a morte desse recanto do paraíso. Enquanto tudo se apresenta com alma e emite uma suave respiração, onde intervém a execrável fome de dinheiro dos latifundiários tudo se transforma em rapina, destruição e morte.

Provavelmente é exatamente esse contraste que leva a mulher de fé Dorothy a ser ainda mais determinada a lutar para que não seja anulado tal recanto de paraíso, e para que nele os moradores possam continuar a viver numa pobreza digna.

Lutar pela salvaguarda da criação. Lutar para que os pobres não percam a esperança. Lutar pela conversão daqueles latifundiários cegados pela insaciável cobiça de dinheiro e de terra, que cegou os poderosos do Brasil. Este fora o único país da América

Latina a intervir a favor das forças aliadas durante a Segunda Guerra Mundial. Como recompensa, recebeu muita ajuda do Banco Mundial e do Banco Interamericano de Desenvolvimento. Sobre os fundos recebidos foram projetadas as multinacionais. Foram criados latifúndios. A terra foi dada, sobretudo, às poucas famílias dos já riquíssimos portugueses.

Todos falam do "milagre brasileiro" para sublinhar a entrada de ajuda, sobretudo no Pará. Ali chegam os pobres atraídos pela esperança de ganhar a vida. Mas Dorothy escreve que, "quando há o dinheiro, chegam os gatos e os tubarões", que destroem cada ano centenas de milhares de hectares da mata virgem, aterrorizam os camponeses e impõem as suas leis.

Dorothy e Becky contam – entre tantos exemplos – a expulsão pelas companhias multinacionais de quatrocentas famílias das suas terras cultivadas. Organizam um protesto e coletam dinheiro para que o Bispo Estêvão e dois colaboradores possam ir a Brasília para pedir ajuda. Os representantes são bem recebidos, são ouvidos, mas... nada muda, a não ser a reforçada certeza de que a Igreja está agindo bem, graças à sua opção preferencial pelos pobres.

O bom exemplo das irmãs atrai novos voluntários para a sua comunidade. Um padre, Mário Hoss, vai morar com eles para incrementar o trabalho de conscientização e de formação de pequenas comunidades que se reconhecem na Palavra de Deus, sobretudo no Livro do Êxodo.

É o ano de 1976. A pequena comunidade consegue organizar-se de modo a poder construir uma igreja e dependências de multiuso. Nas várias comunidades (cerca de trinta), Dorothy e Becky têm a faculdade de batizar, celebrar matrimônios, distribuir a comunhão, conduzir serviços penitenciais e – nada menos! – dar a unção dos enfermos, sacramento estritamente reservado ao "ministro ordenado".

Em 1979, Dorothy se dá o "prazer" de voltar aos Estados Unidos, para rever os seus familiares, atualizar-se e conscientizar as coirmãs sobre a situação do Brasil, e para fazer exames, por sentir-se enfraquecida por causa dos contínuos ataques de malária. Caráter jovial, hábil em criar relações amigáveis, procura restabelecer a saúde, alimentando-se bem.

Enquanto goza da hospitalidade da sua gente nos Estados Unidos, pensa nos "irmãozinhos brasileiros". A favor deles, fala, convidando as coirmãs a ajudá-la na defesa dos direitos dos mais pobres. Ao mesmo tempo, faz as coirmãs assinarem um documento sobre o desarmamento nuclear e contra a pena de morte. De volta ao Brasil, Dorothy se muda para Arraia (que depois será chamada Jacunda) e, com um pequeno grupo de colaboradores, constrói uma casa paroquial. Essa região foi elevada a município, com uma população de 24 mil habitantes, os quais se organizam, elegem o seu prefeito, filho de um pobre lavrador, e iniciam um bom trabalho de conscientização, que dá aos pobres um sentido de confiança em si mesmos e a vontade de se tornarem protagonistas do seu desenvolvimento.

"Ouvi o gemido do meu povo"

Muitas vezes surgem na Bíblia descrições dos sofrimentos de um povo que desafia Deus a não ser surdo ao grito de dor dos oprimidos:

- Todo o povo se lamentava diante do Senhor (cf. 1Sm 7,2).
- Samuel clamou ao Senhor a noite toda (cf. 1Sm 15,11).
- Bradai ao céu (cf. 1Mc 9,46).
- Ouve atento o meu grito de socorro (cf. Sl 5,3).
- Os israelitas elevaram gritos de lamento (cf. Ex 2,23).

À súplica do povo, cansado de ser oprimido, o Senhor responde: "[...] ouvi os gemidos dos israelitas [...]" (Ex 6,5).

Como Deus escuta e se comove – "as suas vísceras se contorcem" –, assim o crente, familiarizando-se com a Palavra de Deus, faz próprios os sentimentos do Criador. Não é de espantar, portanto, ver Dorothy Stang tremer diante da situação de crescente injustiça experimentada no Pará. Esse estado detém o recorde de desmatamento, de crimes ambientais e de total abuso dos direitos humanos. Eis algumas estatísticas disponíveis nos arquivos diocesanos das cúrias do Brasil, coletadas pela Comissão Pastoral:

- 40% dos 1.237 homicídios de trabalhadores rurais entre 1985 e 2001 se verificaram exatamente no Pará;
- das 1.349 vítimas dos conflitos pela terra ocorridos de 1985 a 2003 em todo o Brasil foram condenados apenas 64 executores materiais dos homicídios e 15 mandantes;
- o maior número de impunidade ocorre no Pará: 521 assassinatos e 13 condenados.

"Estes números" – afirma o então secretário nacional da Comissão Pastoral da Terra, Antônio Canuto –

> retratam a realidade de toda a estrutura brasileira. Esta grave impunidade existe porque o Poder Judiciário é ágil e rápido apenas contra os pequenos, por exemplo: no desmantelamento dos acampamentos dos Sem-Terra, ao passo que, para os direitos dos pobres e dos trabalhadores, a justiça é muito lenta.

No final da década de 1970, muitos bispos e membros do clero se tornam verdadeiros heróis e mártires ao denunciar as injustiças e pagar pessoalmente pelas consequências de serem "profetas".

Retrato de Dorothy adolescente.

Certamente, não falta no clero quem julgue excessiva a tendência geral de uma Igreja que faz a opção preferencial pelos pobres. Também Dorothy, além de ter contra ela os oficiais do governo, sente-se criticada por alguns padres que não estão alinhados com a sua paixão pela justiça social. Começam por criticar a sua roupa: camiseta branca e jeans. Depois, pela sua fanática defesa dos pobres. Finalmente, pelas suas lições, que fomentam os trabalhadores rurais, chegando à loucura – e esta é uma acusação que foi feita a ela num tribunal – de dizer que todos somos iguais e devemos amar-nos como irmãos.

Dorothy não cede. Estuda a fundo as leis e exige que os funcionários do governo as cumpram e façam que todos os cidadãos as respeitem. Mas os oficiais nem sempre estão dispostos a escutá-la. E ela – como já aconteceu com o Bispo Oscar Arnulfo Romero – fica horas e horas sentada, em enervantes antessalas, até que o funcionário é obrigado a atendê-la. E quando os funcionários dizem que não receberam nenhuma carta dela, ela não hesita em insistir em ver as pastas e achar o que escreveu em defesa de "sua" gente.

Muitas vezes se sente a "voz que grita no deserto". Mas não se entrega. Talvez, antes ou depois, os funcionários também se lembrem que têm um coração...

Agora, na diocese, certo número de padres e de religiosos está morto ou expulso. Também o nome de Dorothy aparece na lista dos que devem ser eliminados. E a lista é publicada na imprensa local. O bispo diocesano, Alano, começa a passar da preocupação ao nervosismo em relação a Dorothy, que, sentindo faltar a sua confiança, decide mudar de ambiente e ser enviada para a parte mais remota da floresta, onde as injustiças e os riscos são ainda mais numerosos.

Vai a Altamira, no rio Xingu, para falar com o Bispo Erwin Kräutler e pedir a ele para poder trabalhar com os mais pobres dos pobres. Tinham chegado ao prelado pesadas críticas, junto com muitos elogios, em relação a essa irmã. Mas, diante da sua coragem, sem hesitar, atende a todos os seus pedidos.

No início, fica hospedada com as Irmãs do Preciosíssimo Sangue e logo começa, como de costume, a ensinar nas escolas. Mas essas são muito longe da localidade da sua residência. Às vezes, tem de esperar seis, sete horas antes de encontrar um caminhão que lhe dê uma carona. E isso porque – como acontece ainda em muitas regiões da África – quando se pergunta a que horas poderia passar o ônibus, é normal ouvir como resposta: "Talvez de tarde, mais provavelmente amanhã".

Visto esse inconveniente, pede hospitalidade na casa dos moradores locais. Mas eles são pobres demais – antes, miseráveis – para poder reservar um quarto para ela. Depois de um período de embaraçoso silêncio, dona Antônia Barbosa se adianta: seu marido – que se chama "Deus" – está disposto a tê-la em casa, junto com os seus dez filhos. Dorothy se torna imediatamente parte dessa família, com a qual ficará por dois anos, compartilhando a rede, o arroz e o feijão.

De novo começa a visitar as famílias. Procura encorajar todos e convidar os crentes a se reunirem nas "pequenas comunidades de base". Nota logo como são grandes as dificuldades de comunicação do pessoal do Norte para conseguir falar com os que provêm do Sul. Estes últimos são os descendentes dos italianos e dos alemães imigrados no Brasil depois da Segunda Guerra Mundial. Os habitantes do Norte, por sua vez, são descendentes dos índios, dos africanos e portugueses. Pouco a pouco a população, exatamente graças às pequenas comunidades de base, começa a conhecer-se, confrontar-se com a Bíblia, orar juntos e planejar qual o melhor modo para se ajudar.

Desde 1976 Dorothy faz parte da Comissão dos Bispos para a Pastoral da Terra. Participa regularmente das reuniões. É útil para ela encontrar sempre novas pessoas altamente motivadas e preparadas em todo campo da vida social. Infalivelmente, depois desses encontros alguns peritos estão disponíveis para passar um tempinho com ela, compartilhando os seus conhecimentos com a população rural e da floresta.

A sua casa está sempre aberta a todos, e quem vem, por iniciativa própria ou convidado, sabe que deve trabalhar e compartilhar a vida de pobreza e de oração das irmãs.

Em 1984, Dorothy volta à pátria para encontrar-se com a mãe, muito doente. Edna sabe que é a última vez que verá a filha, que não pode ficar muito tempo com a família. Dorothy volta para os seus pobres e, quando recebe a notícia de que a mãe está para morrer, corre para Ohio, mas é tarde demais...

Em 1986, recebe a visita das suas duas irmãs, em Nazaré. Elas jamais teriam esperado que Dorothy pudesse viver em condições de pobreza tão extrema. Em Belém, onde tinham se hospedado na casa do bispo, todos falavam muito bem da irmã freira, de modo que esperavam encontrar "uma pessoa importante". E ela, vestida como todas as mulheres da região, está empenhada nos cursos bíblicos, no catecismo, nos encontros com os moradores, na visita a aldeias longuínquas, levando a todos um pouco de comida e roupa aos mais necessitados.

As duas irmãs têm dificuldade de acompanhá-la e segui-la em todos os seus deslocamentos. Um dia a convidam para almoçar num restaurante. Enquanto estão comendo, Dorothy diz para as irmãs que conhece as pessoas sentadas a uma mesa não distante: são os donos de várias fazendas. Ao sair, eles se aproximam da irmã para dizer-lhe: "Sabemos quem você é, um dia te pegaremos". As duas irmãs pedem que Dorothy traduza. Ela desdramatiza dizendo:

"Estas ameaças chegam a mim com frequência". E sorri. As irmãs voltam para casa preocupadas, mas orgulhosas dela, da sua total confiança na Providência, que do mal sabe tirar um bem maior, e da sua força, que provém da contínua meditação do discurso da montanha.

"Deus, minha justiça"

"Responde-me, Deus da minha justiça", grita o justo israelita (cf. Sl 4,2), fazendo-se eco de todos os orantes do Antigo Testamento:

- O Senhor seja juiz entre mim e ti (cf. 1Sm 24,13).
- Bendizei ao Senhor da justiça (Tb 13,6).
- Darei graças ao Senhor por sua justiça (Sl 7,18).
- E a minha língua proclamará a tua justiça (Sl 35,28).
- Pois a justiça é imortal (Sb 1,15).

E a justiça é imortal porque se identifica com Deus, que manda seu Filho à terra proclamar: "Felizes os que têm fome e sede de justiça".

Feliz, portanto, é Dorothy, já em vida. Isso confessam todos aqueles voluntários que nesse período estão juntos dela e procuram trabalhar com ela, para que o reino de justiça e de paz se realize aqui, nesta terra. E tanto mais "bela" e mística ela se torna quanto mais reza, demonstrando que o seu coração já mora lá onde está a verdadeira alegria, tanto mais se torna objeto de ódio por parte daqueles que, juízes iníquos, zombam dos pobres. Por esses agentes da iniquidade ela ora, mas ao mesmo tempo os denuncia.

Em novembro de 1987, ela escreve: "A nossa situação aqui no Brasil piora cada dia: os ricos multiplicam os seus planos para exterminar os pobres, reduzindo-os à fome. Mas Deus é bom com o seu povo".

Os jornais da época dizem que "os habitantes do Norte do Brasil vivem em condições comparáveis às regiões mais pobres da África: a má nutrição paralisa-os no corpo e no desenvolvimento do cérebro".

A fome empurra os pobres para a cidade, com a miragem de uma vida mais humana. Mas lá se desumanizam mais ainda. Em 1983, a taxa de inflação da economia atingiu 250%, ao passo que o aumento dos salários foi de apenas 90%. As ruas das cidades povoam-se de pobres que brigam pelo lixo.

Em 1985, houve no Brasil eleições presidenciais. Os generais foram sucedidos pelo presidente Tancredo Neves, que morreu antes de assumir a presidência. O vice-presidente José Sarney o sucedeu. Mas como governar o povo de uma terra imensa? O recurso a uma política de estados federados era justa, mas na floresta amazônica, como em todas as áreas mais remotas, longe da capital, de fato a situação político-social era gerida pela rica oligarquia dos proprietários de terra.

Num relatório que escreve no estado de Ohio, Dorothy observa:

> Estamos no ápice do sofrimento humano, nunca experimentado antes nestas formas. As ruas pululam de mendigos, pessoas que não têm mais destino na sua vida. O governo criou um tipo de trabalho de emergência que não é senão uma forma de escravidão... os políticos só levam em consideração aqueles que os apoiam.

Dorothy se fortalece numa declaração feita durante o Sínodo de 1983 pelo Bispo Aloísio Lorscheider:

— Irmã Dorothy: uma vida pela Amazônia —

Dorothy (Irmã Mary Joachim) no acampamento de imigrantes, perto de Phoenix, Arizona, cerca de 1963.

Os cristãos não podem ficar indiferentes diante de uma sociedade injusta, porque isso equivale a uma cooperação com o pecado. As Igrejas do Primeiro Mundo devem ajudar as Igrejas do Terceiro Mundo não só com a ajuda material, mas antes de tudo com a denúncia das injustiças.

Essa declaração anima os membros do clero e os religiosos a agir ainda mais a favor dos pobres e a ser sempre mais corajosos nas denúncias. O bispo de Dorothy, Dom Erwin, está em sintonia com ela, e paga as consequências. Durante uma viagem a uma aldeia, vê que um caminhão vem de encontro ao seu carro. O padre que viaja com ele, o italiano Tore, nascido na Sardenha, morre no choque violento, e o bispo é levado para o hospital. Dorothy fala disso numa carta, que termina acentuando que este é um dos muitos atentados.

Isso não para a irmã, que continua o seu trabalho de sensibilização dos pobres, mostrando-lhes quais são as pessoas confiáveis, quais os bancos a que podem dirigir-se para não acabar muito endividados e quais são os meios indispensáveis para sair da miséria: reunir a poupança, colaborar na microfinança e apoiar-se mutuamente para resistir a tantas formas de violência.

Um artigo de Rocco Cotroneo, escrito no primeiro aniversário da morte da irmã Dorothy, dá testemunho da gravidade dessa violência:

> Anapu é uma cidadezinha de 7.000 habitantes edificada na floresta, no estado do Pará. "A nossa Faixa de Gaza", definiram os comentaristas brasileiros, por causa do nível de violência e da guerra infinita em torno da terra, ambicionada por todos. Uma foto do satélite mostra este canto da Amazônia como uma mancha verde-escura com riscas mais claras, amareladas. É onde as motosserras e o fogo

já atacaram. A cada nova estrada que se abre na floresta, a situação piora. Não longe de Anapu, em Tucuruí, trabalha a cooperação italiana, num projeto para combater os incêndios. "A violência nasce do mecanismo econômico e dos apetites sobre essas terras", explica o responsável pelo projeto, Franco Perlotto. "Mãos fortes se apossam de grandes áreas falsificando documentos, depois chegam os incêndios e a extração de madeira valiosa, em seguida a terra desmatada se torna pasto e, no fim do ciclo, é revendida aos cultivadores de soja". A soja, neste momento, é o maior agronegócio do Brasil, de toda a América Latina. O fato que, em última análise, se torna causa de morte em cadeia, lembra outra riqueza do continente, a da coca. Segundo um estudo da Pastoral da Terra, um órgão da Igreja brasileira, o estado do Pará está na frente, com 521 mortos em 18 anos, na classificação dos homicídios por questões ligadas à posse de terra. São apenas um punhado os casos resolvidos.

Irmã Dorothy sabia que o seu trabalho incomodava a muitos, nessa cadeia de interesses fortes. No Projeto de Desenvolvimento Sustentável Esperança, que fora fundado havia dez anos em Anapu, o objetivo era a harmonia entre a mata virgem e as necessidades econômicas da população. Só 400 famílias, numa área gigantesca de 1.400 quilômetros quadrados, viviam de agricultura de baixa intensidade e produtos da floresta. Uma pequena utopia. Estranha, longe das diretrizes da política nacional, que se concentra no grande agronegócio orientado para as exportações de cereais e de carne e é favorável à abertura de novas estradas. E, sobretudo, em nítido contraste com os apetites locais. As terras defendidas por irmã Dorothy eram dificilmente acessíveis pelas equipes de madeireiros e pelas barcaças que transportavam pela água os preciosos troncos de mogno, a mais valiosa madeira da Amazônia. Faz poucos dias, o governo Lula teve de ceder aos violentos protestos dos madeireiros, os comerciantes de madeira, que ameaçavam queimar tudo e poluir os rios com substâncias químicas se não fosse retirado um decreto de forte limitação do uso da terra. Numa entrevista, faz três anos, a missionária falara pela primeira vez de ameaças de morte e acusara as grandes empresas madeireiras. "Se eu receber uma bala, vocês já sabem de onde partiu", tinha dito. Depois denunciou a não colaboração da polícia local, que antes a via como uma perigosa agitadora política. Poucos dias antes de morrer, enfim, tinha se encontrado com Nilmário Miranda, o subsecretário para os direitos humanos do governo...

O hino do universo

No Antigo Testamento, a cada cinquenta anos, era celebrado o "jubileu": "Declarareis santo o quinquagésimo ano e proclamareis a libertação para todos os habitantes do país. Será para vós um jubileu. Cada um de vós poderá retornar à sua propriedade e voltar para sua família" (Lv 25,10). Semelhantes textos da Bíblia sublinham o aspecto social do jubileu: a restituição das terras, o perdão das dívidas e a libertação dos escravos.

A teologia do ano jubilar acentua as seguintes verdades: a terra não pode ser possuída por "alguém", porque é de todos. O único Senhor do mundo é o Criador, ele é o único proprietário legítimo. A terra é dada gratuitamente a todos os seres humanos, e os seus frutos devem ser igualmente divididos com todos. Quem açambarcar para si a terra, impedindo uma distribuição igual dos bens, peca gravemente contra a justiça distributiva. O ano jubilar exige a instauração da era messiânica, que celebra o perdão, a reconciliação e a volta das terras ao Dono, ou seja, a Deus, e, consequentemente, a todos.

A quem reclamar que ele ou os seus ancestrais trabalharam muito para possuir a terra ou para acumular riquezas se pode responder, citando o Antigo e o Novo Testamento, que Deus cumula de graça quem capta a essência do ano jubilar, que consiste na libertação dos oprimidos e dos pobres e na devolução da terra a todos os que precisam dela para sobreviver.

Se este é o espírito do jubileu, o cristão, em vez de contar com as indulgências a lucrar visitando os lugares sagrados, deverá descobrir a sua vocação a ser "indulgente" consigo e com os necessitados, dando a todos o perdão, reconciliando-se com esta humanidade que demora a nascer e que tem dificuldade de entender a doutrina social da Igreja.

É exatamente segundo essa doutrina que se pode ter essas indulgências não só entrando em igrejas e basílicas, mas visitando as periferias das cidades e as periferias do mundo, lá onde Cristo tem o rosto dos mais pobres – *the least, the last, the lost* –, do último, do menor, daquele que está "perdido".

É esta, portanto, a essência do jubileu: um tempo de indulgência. Indulgência para consigo mesmos.

Na formação do clero e dos religiosos procura-se – com dificuldade e com pouco sucesso – convidar os homens e as mulheres de Deus a concederem a si mesmos um período, de tempos em tempos, para tomar na mão a sua vida. Fala-se de "ano sabático", que não necessariamente deve durar doze meses, mas o tempo que for preciso para um indivíduo "voltar a si mesmo", para meditar, orar e atualizar-se.

Com base nessas considerações, em 1991 Irmã Dorothy concede a si mesma um período "jubilar" ou "sabático", com a intenção de celebrar a vida e não de vivê-la apenas à luz de problemas, que, com o tempo, roubam as forças e diminuem o zelo em ajudar os outros, em amar o próximo com a mesma intensidade com a qual o cristão deve amar a si mesmo.

O ano jubilar ou sabático tem a finalidade de tornar a existência mais humana, de modo a se tornar uma festa contínua para todos. Festa para quem se liberta dos pecados e decide iniciar uma nova vida. Festa para quem acolhe a mensagem do Cristianismo, que abre a cada ser humano a perspectiva de ser "divinizado". Festa para os pobres que se sentem chamados felizes aqui na terra, onde para eles é proclamado o Reino.

É assim vencida a acusação marxista de que "A religião é o ópio do povo". Se o Reino dos Céus já está aqui na terra para os que se espoliam do seu supérfluo para fazer de Deus e do próximo a sua riqueza e se aos pobres é garantido que Deus se ocupa com eles, então a religião cristã não pode ser considerada o ópio dos povos, mas a adrenalina dos povos.

Com tal espírito Irmã Dorothy se prepara para celebrar o seu "sábado", como período de tempo necessário para deixar-se amar por Deus, para fazer festa, na alegria, como convidada para o casamento. E o lugar escolhido é o Instituto de Cultura e Espiritualidade da Criação no Holy Name College, na Califórnia.

O diretor deste centro é Matthew Fox, autor do livro *A bênção original* (justaposição à doutrina tradicional do pecado original). Enquanto ele admite que podemos ser alienados pelo pecado, sublinha com grande ênfase a necessidade de descobrir a nossa natureza na sua parte mais autêntica: "a criação é muito boa".

Pode-se dizer que naquele centro, além dos teólogos místicos como Hildegard de Bingen, Francisco de Assis, Mestre Eckhart, Nicolau de Cusa e outros, está presente também o espírito e a intuição de Pierre Teilhard de Chardin, com o seu livro *O ambiente divino* e com aquele que é uma verdadeira obra-prima, *O hino do universo*.

Para entender os desenvolvimentos futuros da espiritualidade de Irmã Dorothy – bem como para compreender melhor o porquê das suas escolhas radicais – é necessário conhecer os princípios sobre os quais se baseia a nova teologia inspirada no amor para com o criado.

1. *Sentido da maravilha*

"O mundo não acabará por falta de coisas belas, mas pela falta do sentido da maravilha." A intuição de Chesterton desafia as gerações atuais e as leva à admiração original do próprio Deus no final de cada "dia" criativo seu. No final, contemplando a luz, o Criador se comove, porque tudo é *tôb*, belo e bom, na língua hebraica.

Bela e boa é a terra. Belos e bons são os pássaros do ar e os animais de toda espécie. Mas, sobretudo, muito *tôb* é o casal original, em torno do qual o Criador se entrega a uma dança, embriagado de viva luz: "O Senhor exulta, regozija-se de alegria, dança como nos dias de festa".

Dorothy ama a dança, é apaixonada pela vida, fica admirada diante da criação, fascinada pelo Criador:

> No princípio era Deus.
> No princípio a fonte de tudo o que é.
> No princípio Deus se dissolve.
> Deus não está satisfeito, Deus se dedica a fazer,

Deus dá vida, Deus se alegra,
e Deus ama aquilo que está feito.
E Deus disse: "Isto é bom".
E Deus, sabendo que tudo aquilo
que é bom é compartilhado,
segura ternamente a terra nos seus braços.
Deus se consumia no desejo de uma relação.
Deus queria ardentemente compartilhar a terra
e a humanidade foi criada pelo derretimento de Deus.
Nós fomos feitos para compartilhar a terra.

(C. Heyward)

2. *"Se escolheste a vida, a vida te escolherá" (Confúcio)*

Como Madre Teresa de Calcutá, Dorothy não define a vida, ela a celebra e a propõe como supremo valor, depois de Deus.

"Se amas a vida, a vida retribuirá o teu amor" (A. Rubinstein). Portanto, amar e celebrar a vida, que é tal "apenas onde há o amor" (Gandhi). Decidir viver intensamente cada momento, como se fosse o primeiro e como se fosse o último, com a consciência de que "estamos na terra não para cuidar de um museu, mas para cultivar um jardim cheio de flores e de vida" (João XXIII). Lançar-se com coragem na vida, "que é como a água do mar: agitada, desagradável para beber, mas capaz de suster aqueles que remam" (R. Bazin). E abandonar-se com confiança ao fluxo vital, àquele que disse de si "Eu sou a Vida", para realizar um sonho: "Possa eu fazer da minha vida algo simples e direto, como uma flauta de bambu que o Senhor enche de música" (R. Tagore).

A vida está em nossas mãos. Sejamos criações criadoras. Mas o que o ser humano faz do poder que tem pelo fato de ser imagem e semelhança de Deus?

3. "Tu o colocaste à frente das obras de tuas mãos" (Sl 8,7)

Dorothy está horrorizada ao ver os ricos, os poderosos, os latifundiários profanarem a vida, destruindo o ambiente, eliminando os mais pobres. Estamos num tempo em que se começa a falar de "megamorto". Termo novo cunhado para não impressionar a humanidade. Corresponde a cem milhões de mortos. Mortos previstos no caso de uma explosão atômica. Mortos que permitiriam aos sobreviventes uma existência mais confortável. "Foi dito que já seria preciso providenciar pelo menos quatro ou cinco megamortos para equilibrar a existência mundial aos bens disponíveis" (D. M. Turoldo).

Que poder o Criador colocou nas mãos do homem criado "pouco inferior a um deus" e com a vocação a conformar-se sempre mais a ele! Poder de vida e de morte: "Hoje ponho diante de ti a vida e a morte" (cf. Dt 30,19).

4. "Mas do fruto da árvore não comereis" (cf. Gn 3,3)

Até agora, além de todo limite e erro, a vida prevaleceu sobre a morte. Antes, até a negatividade e o mal foram magistralmente "reciclados" por Deus e "convertidos" em ocasião de aumento na qualidade da vida. Nenhuma dor foi em vão. Sobre essas intuições baseia-se o otimismo substancial de Dorothy, que não hesita em repetir com São Paulo: "Onde está, ó morte, a tua vitória?" (1Cor 15,55).

O nosso Deus é o Senhor da vida. Ele nos chama à existência e entrega a nós a obra da criação. Coloca a vida nas nossas mãos, como tesouro inestimável que deve ser gozado por nós e transmitido aos que vierem depois, após tê-lo melhorado.

5. "Salvar a semente do homem na terra"

De vários modos se pode aprofundar o tema do domínio do homem sobre a criação. Um caminho possível, especialmente quando quem fala é uma mulher, consiste em recorrer à abordagem poética, às imagens, na expectativa de encontrar pessoas que compartilhem o sonho de salvar a terra e, com ela, a semente do homem. Sobre esse argumento, com efeito, demasiadas palavras já foram gastas nos últimos tempos. Se nada mudou, talvez isso dependa do fato de que a razão não consegue mudar a vontade e, assim, transformar as ideias em ação.

Então é preciso buscar imagens belas, como aquelas contidas na seguinte oração índia:

> Grande Espírito, transforma os nossos corações
> a fim de que não tiremos
> da beleza da criação mais do que lhe dermos.
> Ensina-nos a não destruir nada com facilidade
> para satisfazer a nossa avidez,
> a não esquecer nunca de dar as nossas mãos
> para edificar a beleza da terra,
> a nunca pegar aquilo de que não precisamos.
>
> Faze-nos capazes de compreender
> que destruir a música da terra
> é criar confusão.
> Arruinar o seu aspecto
> significa fechar para sempre
> os olhos de todos para a beleza,
> não fazer caso do seu suave perfume
> por nossa negligência
> quer dizer criar uma casa fedorenta.
> Mas, se nós cuidarmos dela,
> a terra cuidará de nós.

Dorothy com as crianças da Most Holy Trinity School, Phoenix, Arizona.

6. "A preocupação ecológica" do Magistério eclesiástico

Dorothy está muito satisfeita em ver que a Igreja Católica, depois de tantos anos de silêncio, finalmente apresenta uma teologia da criação e faz de tudo para que ela seja conhecida tanto pelos trabalhadores rurais quanto pelos latifundiários.

Na encíclica *Sollicitudo Rei Socialis*, depois de ter apresentado os sinais alarmantes do nosso tempo, João Paulo II abre para a esperança:

> Entre os *sinais positivos* do tempo presente é preciso registrar, ainda, uma maior consciência dos limites dos recursos disponíveis e da necessidade de respeitar a integridade e os

ritmos da natureza e de os ter em conta na programação do desenvolvimento, em vez de os sacrificar a certas concepções demagógicas do mesmo. É, afinal, aquilo a que se chama hoje *consciência ecológica* (n. 26).

Para um mundo mais justo, em dimensão humana, a encíclica *Laborem Exercens* dá ao cristão algumas recomendações:

- não idolatrar a ciência e a técnica, para não sacrificar a pessoa no altar do progresso;

- não transformar a terra numa imensa lixeira, por respeito à geração presente e às futuras;

- não considerar o trabalho como mercadoria ou como força de produção, mas como contribuição para a contínua criação de espaços nos quais seja possível descansar, jogar, contemplar;

- criar uma sociedade na qual seja bom viver, rejeitando aquelas opções que se voltam contra a pessoa e praticando a desobediência civil a leis injustas, a imposições consumistas, a escolhas que degradam irreparavelmente o ambiente;

- defender o direito "a um ambiente que não cause prejuízo à saúde física dos trabalhadores e não lese a sua integridade moral".

7. A questão ecológica como questão moral

Segundo a *Sollicitudo Rei Socialis*, o ser humano não é a única "palavra" da criação. O domínio concedido pelo Criador ao homem não é um poder absoluto, nem se pode falar da liberdade de "usar e de abusar", ou de dispor das coisas como melhor agradar. A limitação imposta pelo Criador desde o princípio, e expressa simbolicamente pela "proibição de comer do fruto da árvore" (cf. Gn 2,16s) mostra com clareza suficiente que, em relação com a natureza visível, estamos sujeitos a leis não só biológicas, mas também morais, que não podem ser transgredidas impunemente (cf. *Sollicitudo Rei Socialis*, n. 34).

Este laço entre questão ecológica e questão moral será mais bem compreendido se analisarmos as ideias-chave da encíclica: o conceito de "cosmo"; a consciência da limitação dos recursos naturais, alguns dos quais não renováveis; a destinação universal dos bens; o domínio da terra a ser considerado mais como dom eucarístico do que como tarefa laboriosa a realizar; a interdependência entre a exploração e o empobrecimento, a acumulação e a miséria, o bem-estar do Norte do planeta e a morte de fome nos países empobrecidos do Ocidente.

8. *"Ter a coragem de dizer: erramos"*

Fortalecida nas convicções tiradas da Bíblia e do Magistério, Dorothy nunca se cansa de reforçar o seu pensamento: o deserto avança roubando do homem, cada ano, seis milhões de hectares. As florestas são reduzidas em onze milhões de hectares cada ano. Está prevista, para os próximos vinte anos, a perda de cerca de um milhão de espécies na biosfera: plantas, micro-organismos e animais que desaparecerão alterando o panorama, tirando de nós a possibilidade de contemplar a criação na sua inteireza e de poder fazer uso de todos os seus bens. O desenvolvimento autêntico não pode prescindir da atenção à natureza, que é respeitada na sua integridade e nos seus ritmos, não considerando inexauríveis os seus recursos, com o risco de pôr seriamente em perigo a sua disponibilidade não só para a geração presente, mas também para a futura.

Esta problemática é de tal modo explosiva que leva a falar de "bomba ecológica". O caminho tomado em seguida às grandes explorações e descobertas geográficas está errado. O uso indiscriminado dos recursos das terras "conquistadas" causou no Sul do planeta a miséria e a fome: "Chegamos a um ponto crítico: o tempo das reformas passou. Fazer um pouco de coisas bonitas cá e lá significa apenas prolongar a agonia de um sistema que, como tal, está demolido. Devemos ter a coragem de dizer: erramos" (R. Panikkar).

Em síntese, pode-se dizer que Dorothy estaria perfeitamente de acordo com o que os bispos da Lombardia escreveram na sua primeira carta pastoral sobre o problema do ambiente:

> A fé chama à conversão e, neste caso, deve-se falar de verdadeira conversão ecológica. A degradação ambiental, de fato, à luz da Palavra de Deus, é iluminada na sua autêntica realidade de fruto e de sinal do pecado. O pecado contra Deus inclui, realmente, a natureza, a qual aspira, também, à liberdade dos filhos de Deus, que só Cristo pode dar.

Não levar em conta a limitação e a não renovabilidade dos recursos naturais equivale a tornar sempre mais opressora "a estrutura de pecado", ratificando com as suas opções egoístas o mal do mundo, proclamando abertamente o próprio desinteresse pela vida ou pela morte de tantas pessoas, as quais são intencionalmente impedidas de se alimentarem com as migalhas que caem da mesa dos ricos.

Dorothy exprime essas ideias em diversas cartas aos amigos:

> Trabalho com pessoas que vivem à margem da sociedade. Elas me ajudam a renovar a terra com que tanto nos preocupamos. Todos nós somos parte de uma grande unidade.

> Estamos aqui nesta terra só por algumas décadas. Devemos usar cada dia para levar alegria e não dor à nossa terra tão cheia de situações angustiosas.

Dorothy mostra o novo tanque de lavar roupa da casa das Irmãs em Coroatá, 1968.

Como as plantas morrem e voltam à vida, assim também nós, cada dia, façamos repousar tudo quanto tenhamos feito durante o dia para voltar ao começo, ao nascer do sol.

Devemos ajudar as pessoas a voltar a uma relação com a Mãe Terra que seja terna e gentil. É um dom de Deus viver de modo sempre mais intenso como partes do nosso universo cósmico.

Juntos poderemos contar muito com o esforço de levar paz, interesse, alegria e amor ao mundo que está desviando o olhar da estrela que nos guia: a bondade do verdadeiro Deus.

A ecologia do coração

No Instituto Cultural e de Espiritualidade da Criação, Dorothy intui que o amor à criação e a consequente espiritualidade levam naturalmente o crente a sustentar a Teologia da Libertação e a lutar pela justiça na América Latina. Essa opção pode ser feita apenas por quem tem o gosto de viver e é apoiado pela fé.

Durante o curso, todos os participantes são atraídos pela familiaridade de Dorothy, por seu amor pela dança, na qual ela vê um reflexo dos poderes espirituais e das energias vitais com que o Criador adorna os seus filhos. Sente-se sempre mais livre, mais relaxada e mais em contato consigo mesma e com aquele Deus que agora aprende a chamar de "Pai e Mãe". Dá livre curso ao seu espírito artístico, criando uma cerâmica de Deus em forma feminina. Os seus familiares a encontram sempre mais alegre, apaixonada, criativa. Ela, determinada a lutar para salvaguardar a criação, antes de preocupar-se com a ecologia ambiental, cuidou da ecologia do coração.

Com essa carga interior, Dorothy participa da histórica Conferência das Nações Unidas para o Ambiente e o Desenvolvimento, realizada no Rio de Janeiro de 3 a 14 de junho de 1992.

Tal Conferência também é conhecida no Brasil pelos nomes ECO 92, Rio 92, Cúpula ou Cimeira da Terra.

A Declaração do Rio

Dada a importância desse evento, é oportuno resumir as ideias principais contidas na *Declaração do Rio*.

A Conferência Mundial sobre o Ambiente e o Desenvolvimento (UNCED – United Nations Conference on Environment and Development) realiza-se sob a égide da ONU. Dez anos mais tarde, haverá em Joanesburgo uma segunda edição da conferência, a Conferência Rio + 10, ou Conferência Mundial para o Desenvolvimento Sustentável (WSSD – World Summit on Sustainable Development). Vinte anos depois da Conferência de Estocolmo (1972), que tinha lançado as bases para uma discussão no âmbito internacional sobre a temática ambiental, a Conferência do Rio vê a participação de 172 países, de numerosas organizações governamentais e cerca de 2.400 membros de organizações não governamentais (ONGs). O objetivo da Conferência é definir as problemáticas ambientais em ação; estabelecer possíveis intervenções a curto, médio e longo prazo; identificar políticas para um desenvolvimento que não comprometa a sobrevivência das gerações futuras e do próprio planeta por um "desenvolvimento sustentável".

A conferência representa uma virada epocal entre os acordos em matéria ambiental, marca a tomada de consciência definitiva sobre a necessidade de gerir as questões ambientais em escala global e o reconhecimento de como as questões ecológicas devem ser consideradas de modo interdependente. Segue a *Declaração* com seus princípios mais importantes.

> *Tendo-se reunido* no Rio de Janeiro, de 3 a 14 de junho de 1992,
>
> *Reafirmando* a Declaração da Conferência das Nações Unidas sobre o Meio Ambiente Humano, adotada em Estocolmo em 16 de junho de 1972, e buscando avançar a partir dela,
>
> *Com o objetivo de* estabelecer uma nova e justa parceria global por meio do estabelecimento de novos níveis de cooperação entre os Estados, os setores-chave da sociedade e os indivíduos,
>
> *Trabalhando com vistas* à conclusão de acordos internacionais que respeitem os interesses de todos e protejam a

integridade do sistema global de meio ambiente e desenvolvimento,

Reconhecendo a natureza interdependente e integral da Terra, nosso lar,

Proclama que:

1. Os seres humanos estão no centro das preocupações com o desenvolvimento sustentável. Têm direito a uma vida saudável e produtiva, em harmonia com a natureza.

2. Os Estados, de conformidade com a Carta das Nações Unidas e com os Princípios de Direito Internacional, têm o direito soberano de explorar seus próprios recursos segundo suas próprias políticas de meio ambiente e desenvolvimento, e a responsabilidade de assegurar que atividades sob sua jurisdição ou controle não causem danos ao meio ambiente de outros Estados ou de áreas além dos limites da jurisdição nacional.

3. O direito ao desenvolvimento deve ser exercido de modo a permitir que sejam atendidas equitativamente as necessidades ambientais e de desenvolvimento de gerações presentes e futuras.

[...]

5. Todos os Estados e todos os indivíduos, como requisito indispensável para o desenvolvimento sustentável, devem cooperar na tarefa essencial de erradicar a pobreza de forma a reduzir as disparidades nos padrões de vida e melhor atender às necessidades da maioria da população do mundo.

[...]

10. A melhor maneira de tratar questões ambientais é assegurar a participação, no nível apropriado, de todos os

cidadãos interessados. No nível nacional, cada indivíduo deve ter acesso adequado a informações relativas ao meio ambiente de que disponham as autoridades públicas, inclusive informações sobre materiais e atividades perigosas em suas comunidades, bem como a oportunidade de participar de processos de tomada de decisões. Os Estados devem facilitar e estimular a conscientização e a participação pública, colocando a informação à disposição de todos. Deve ser propiciado acesso efetivo a procedimentos judiciais e administrativos, inclusive no que diz respeito à compensação e reparação de danos.

[...]

12. Os Estados devem cooperar para o estabelecimento de um sistema econômico internacional aberto e favorável, propício ao crescimento econômico e ao desenvolvimento sustentável em todos os países, de modo a possibilitar o tratamento mais adequado dos problemas da degradação ambiental. Medidas de política comercial para propósitos ambientais não devem constituir-se em meios para a imposição de discriminações arbitrárias ou injustificáveis ou em barreiras disfarçadas ao comércio internacional. Devem ser evitadas ações unilaterais para o tratamento de questões ambientais fora da jurisdição do país importador. Medidas destinadas a tratar de problemas ambientais transfronteiriços ou globais devem, na medida do possível, basear-se em um consenso internacional.

[...]

14. Os Estados devem cooperar de modo efetivo para desestimular ou prevenir a mudança ou transferência para

outros Estados de quaisquer atividades ou substâncias que causem degradação ambiental grave ou que sejam prejudiciais à saúde humana.

15. De modo a proteger o meio ambiente, o princípio da precaução deve ser amplamente observado pelos Estados, de acordo com as suas capacidades. Quando houver ameaça de danos sérios ou irreversíveis, a ausência de absoluta certeza científica não deve ser utilizada como razão para postergar medidas eficazes e economicamente viáveis para prevenir a degradação ambiental.

16. Tendo em vista que o poluidor deve, em princípio, arcar com o custo decorrente da poluição, as autoridades nacionais devem promover a internacionalização dos custos ambientais e o uso de instrumentos econômicos, levando na devida conta o interesse público, sem distorcer o comércio e os investimentos internacionais.

[...]

20. As mulheres desempenham papel fundamental na gestão do meio ambiente e no desenvolvimento. Sua participação plena é, portanto, essencial para a promoção do desenvolvimento sustentável.

21. A criatividade, os ideais e a coragem dos jovens do mundo devem ser mobilizados para forjar uma parceria global com vistas a alcançar o desenvolvimento sustentável e assegurar um futuro melhor para todos.

[...]

23. O meio ambiente e os recursos naturais dos povos submetidos à opressão, dominação e ocupação devem ser protegidos.

24. A guerra é, por sua natureza, contrária ao desenvolvimento sustentável. Os Estados devem, por conseguinte, respeitar o direito internacional aplicável à proteção do meio ambiente em tempos de conflito armado, e cooperar para seu desenvolvimento progressivo, quando necessário.

25. A paz, o desenvolvimento e a proteção ambiental são interdependentes e indivisíveis.

26. Os Estados devem solucionar todas as suas controvérsias ambientais de forma pacífica, utilizando-se dos meios apropriados, de conformidade com a Carta das Nações Unidas.

Além das perseguições

Situada entre dois grandes municípios, a zona de Anapu é ignorada por ambos. Para obter algo, os moradores devem viajar até Belém ou arranjar-se sozinhos. Dorothy aproveita essa difícil situação para convencer os moradores locais a fazer com que Anapu se torne município. Começa coletando assinaturas para esse fim, enquanto mostra a todos os camponeses as vantagens de tal oportunidade: poder resolver no próprio município os seus problemas, sobretudo a disputa que diz respeito à distribuição da terra.

É preciso um ano para preparar a eleição, que acontece em 1995, dando um resultado surpreendente: quase todos votaram a favor de Anapu ser município. Em 27 de dezembro, o governador assina o documento oficial que declara Anapu município, para alegria de Dorothy. E, no ano seguinte, ela trabalha para preparar a população para as eleições municipais. Formam-se dois grupos: o primeiro aspira a ter entre os próprios membros o prefeito, ao passo que o grupo de Dorothy deveria contentar-se em ter o vice-prefeito.

As coisas não funcionam. O grupo de Dorothy sofre várias pressões e se divide, de modo que surge um terceiro grupo, sustentado por dinheiro governamental. Este trabalha com o novo prefeito, com a intenção de destruir o grupo de Dorothy, a qual "aprende a lição": compreende que deve estar atenta àqueles que visam a ela e remam contra os pobres, recorrendo à política baseada no *divide et impera*.

Os revezes não abatem a freira, que se refaz inventando novos campos de trabalho e encontrando novos objetivos para tornar sempre mais visível a existência dos mais pobres. No quadro das várias iniciativas, relato uma, baseada no informe de um membro de uma equipe médica do Arizona que em 1996 decide passar quinze dias em Altamira, à disposição daqueles que têm necessidade de operações cirúrgicas. O doutor Michael Sepulveda descreve a chegada desses cirurgiões a Altamira. Eles estão prontos para as intervenções, mas, no último momento, ficam sabendo que não chegou a enfermeira escolhida por eles para ser intérprete do português para o inglês.

Apesar das previsíveis dificuldades, decidem de qualquer maneira pôr-se à disposição dos numerosos pacientes que vieram de todos os cantos. Mas é um desastre. Na impossibilidade de comunicar-se, não podem curar.

Dorothy, que tinha recebido a notícia de que os cirurgiões teriam chegado a Altamira, pega o seu velho Volkswagen e inicia uma longuíssima e cansativa viagem de mais de trinta horas para ir agradecer a esses médicos e ver se precisam de alguma coisa. Tendo chegado ao hospital, as enfermeiras a mandam embora de maneira rude, dizendo que os cirurgiões tinham acabado de sair e não sabem para onde.

Dorothy não se dá por vencida. Faz a sua pesquisa e descobre em qual hotel estão hospedados. Apresenta-se aos médicos como

Dorothy com os irmãos David e Tom, cerca de 1970.

uma freira nascida nos Estados Unidos e que vive há muito tempo no Brasil. Conta como ela trabalhou no Arizona e como amara muitas pessoas também naquela terra.

Enquanto Dorothy fala, o relator do encontro examina "aquela personalidade tão fascinante e familiar, aquele seu constante sorriso nos lábios, a voz graciosa, aqueles penetrantes olhos azuis que fizeram todos os cirurgiões se apaixonarem". O relato dele sublinha também uma surpreendente afirmação: "Diante de nós estava um verdadeiro enviado de Deus".

Naturalmente, os doutores expõem à boa freira o problema enfrentado no primeiro dia: a incapacidade de operar por causa da barreira da língua. Dorothy não se faz esperar: propõe-se para ser a intérprete. E não é apenas intérprete, mas prepara as pessoas para o encontro, escuta todos, reza com quem o deseja, conforta e faz todos ficarem à vontade. Evidentemente, não reclama das enfermeiras por terem-na tratado mal na primeira tarde. Também para elas tem um sorriso, como para todos os doentes e para os cirurgiões, os quais voltam para a sua terra fascinados com aqueles olhos claros, com aquela total disponibilidade, com aquele sorriso típico da Irmã Dorothy, pronta para trabalhar sem contar as horas, mas baseando-se apenas nas necessidades de tantos doentes, aos quais, pela primeira vez, é dada a possibilidade de caminhar, de voltar a usar uma mão, de tornar a sorrir.

Em 1998, Dorothy toma a decisão de compartilhar ainda mais a fundo a situação dos moradores de Anapu, zona sempre alagada durante a estação das chuvas e constantemente submersa no pó durante a estação seca. Constrói uma pequena casa de madeira que lhe permite alcançar mais depressa as pequenas comunidades de base. Planta árvores e flores ao redor da sua casa, que logo se torna refúgio dos pobres e de todos os que são aterrorizados pelos latifundiários. Vai morar ali um jovem sacerdote, Padre Amaro, que Irmã Dorothy tinha ajudado nos estudos quando era seminarista. Esse padre se tornará um dos seus maiores apoios e o seu pároco, conseguindo em um ano criar a Paróquia de São Lucas.

Mesmo quando a fé vacila

No verão de 1998, Dorothy volta a Ohio para conceder-se um período de oração, festejando o 50º aniversário da sua profissão religiosa. Por quatro meses fica com seu pessoal, procurando sempre mais contatos com Deus e... com aquela fé que vacila.

Não é este o destino de todas as grandes almas e de quase todos os santos? A noite da fé. O momento em que vem a tentação de ter trabalhado em vão, de ter feito escolhas erradas, de não ter cumprido em tudo a vontade do Senhor, de não ter sido fiel à vocação... E Deus se cala.

De São João da Cruz a Madre Teresa de Calcutá, na grande fileira dos santos, quem conseguiu evitar as clássicas tentações do deserto? Tentações que se podem resumir em três palavras: prosperidade, popularidade, poder.

Prosperidade: ter pão para dar a todos os pobres. Popularidade: ser conhecida para poder contar aos olhos dos poderosos e assim ser eficiente em ajudar os deserdados. Poder: ter os meios para resolver os problemas da população da floresta. As três tentações de Cristo no deserto. Tentações que se enfrentam com o silêncio, o jejum e a oração.

Enquanto Dorothy reflete e ora, está se realizando o capítulo geral das suas irmãs na Inglaterra. Dele nasce uma proposta: todas as religiosas devem imaginar receber uma carta pessoal das duas fundadoras, Júlia Billiart e Francisca Blin de Bourdon, refletindo sobre o que elas esperam das irmãs. Irmã Dorothy faz exatamente o contrário: escreve uma carta às fundadoras, a exemplo de outra que ela tinha anteriormente enviado para sua melhor amiga, Joan Krimm, para dizer-lhe que terminara o tempo de sua paixão pelo Brasil e que a incomodava a ideia de voltar para lá.

Eis alguns trechos da carta, escrita assim que voltara ao Brasil, depois de quatro meses de retiro em Ohio.

> Queridas Júlia e Francisca,
>
> Voltei para o Brasil, contente por ter celebrado um maravilhoso período da minha vida, sem preocupações, gozando de boa saúde e louvando todo dia ao Senhor com os meus amigos. Pensava que estava pronta para enfrentar tudo isso que me era apresentado. Vocês sabem? Eu me enganei. Percebi que não estava em forma psicologicamente.
>
> Sinto-me abalada, não tenho mais a minha tranquilidade, o meu pensamento está perturbado. A realidade é maior

do que eu! Júlia e Francisca, preciso falar para vocês. Não sei mais o que fazer.

Vejo claramente os efeitos deste tempo em que reina o novo liberalismo e 80% da população se torna vítima dele... Nestes anos estive fascinada pela simplicidade das pessoas desta terra: o seu modo de falar com Deus e compartilhamento do melhor de si. Juntos enfrentamos muitas batalhas contra os efeitos do feudalismo que ainda domina sobre os pobres. Durante estes anos de caminhada com tantos companheiros tão envolvidos na luta em defesa dos oprimidos, aprendi o valor da solidariedade. Como era feliz, realizada! Nada era demais!

[...] Desde o vosso tempo, queridas fundadoras, o sistema de governo mudou. Aprendi como os governantes se infiltram entre o povo, criando divisões. Nunca vi tais conflitos entre as lideranças. Os chefes locais devem alinhar-se com os objetivos do governo, enquanto tudo é sobrecarregado pela burocracia. As pessoas se tornam sempre mais pobres. Um está em luta contra o outro. Precisamos, agora mais do que antes, de solidariedade, de compaixão, de espírito comunitário entre nós, de modo a não abandonar o ideal nutrido no início pelo nosso povo: o povo do Reino de Deus aqui na terra.

A nossa missão de estar com o povo torna agora urgente o desafio de viver o Evangelho e de entrar no Terceiro Milênio com um projeto de uma sociedade alternativa, capaz de dar VIDA.

Júlia e Francisca, o vosso testemunho é fonte de inspiração, ainda hoje. Possam muitas pessoas corajosas unir-se a nós. Peço a Deus que torne mais forte a minha fé, a fim de que não tenha de perder o meu entusiasmo de lutar em favor do povo. Possa eu ajudar os meus companheiros que contam comigo. Boa-noite, Júlia e Francisca. É tarde e quero dirigir a vocês calorosos agradecimentos. Espero uma vossa resposta e a vossa ajuda que me deem força. Com um beijo cheio de amor,

Dorothy

A consagrada reza para que a sua fé aumente. De fato, de um ponto de vista puramente humano, não só ela não percebe os resultados do seu agir, mas deve continuamente confrontar-se com

Dorothy com as irmãs no Brasil.

desilusões, amarguras, perseguições e escândalos. O escândalo, por exemplo, da organização do Projeto Sudam (Superintendência para o Desenvolvimento da Amazônia). Milhões de dólares dados aos proprietários da terra para o reflorestamento surtiram o efeito contrário em relação à vontade dos doadores: um aumento da derrubada de árvores e intervenções que empobreceram sempre mais a terra. Num momento de desânimo, Dorothy escreve: "Vocês não ouviram os macacos chorando aos gritos enquanto vocês queimavam a floresta?".

Em 2002, por um momento, volta a sonhar. Ela apoia para a eleição para prefeito uma pessoa que promete escutar as pessoas, estar uníssono com a base, manter-se distante dos proprietários da terra. Ganha a eleição, depois de poucos meses não só não cumpre as promessas como começa a denegrir Irmã Dorothy, a tal ponto que ela cai sob investigação da Polícia Federal.

Logo o prefeito faz aliança com os grandes proprietários de terras. E que dor para Irmã Dorothy ver que o grupo dos seus "protegidos" – os pobres – é "vendido" pelo prefeito!

A pobre freira volta a sonhar quando Lula, o candidato progressista, se torna presidente nas eleições de 2002. A sua esperança: Lula havia sido um operário, crescera na luta e na convicção que o povo unido pode obter as mudanças desejadas. Mas também Lula não consegue enfrentar os problemas do País: bancarrota e ameaças da parte dos proprietários da terra de envenenar os rios se não seguir as indicações deles. Com amargura, Dorothy comenta que o poder corrompe.

Com o aumento da ilegalidade, Dorothy se torna cada vez mais crítica e frágil em relação às crescentes perseguições. Agora passou dos setenta anos. Continua a defender os pobres. Mas sente não ter mais as forças dos primeiros anos na Amazônia. Não se re-

Os estudantes de Coroatá, prontos para aprender, cerca de 1970.

fere tanto às forças físicas como às forças psicológicas, consumidas pelas contínuas críticas: é acusada de dividir as pessoas e de distribuir armas aos trabalhadores rurais. Naturalmente, os latifundiários a acusam de ser "comunista". O povo é instigado para que ela deixe o País. E o seu prefeito afirma: "Devemos desembaraçar-nos dessa mulher se quisermos viver em paz".

Ela reage escrevendo aos amigos: "Sei que querem me matar, mas não vou embora. O meu lugar é aqui com esta gente que é continuamente humilhada por todos os que se acham poderosos".

Noutra carta:

Sei que a fé vos sustenta e aprendi que três coisas são difíceis: como mulher, ser levada a sério nas reformas pela terra; permanecer fiel à convicção de que estes pequenos grupos de pobres trabalhadores chegarão um dia a se organizar e levar avante os seus projetos; e ter coragem de sacrificar a própria vida na luta pelas mudanças.

Embora consciente dos riscos que corre, talvez se iluda que os seus inimigos não irão além das perseguições cotidianas... Não são essas piores que a morte física?

We shall overcome

Pouco antes da Revolução Francesa, Irmã Júlia, a fundadora das Irmãs de Namur, tivera de pagar as consequências de um atentado contra a vida do seu pai. Foi obrigada a esconder-se por três anos. A sua fidelidade à Igreja tinha desencadeado o ódio dos que queriam matá-la. Sentindo-se em condições análogas às vividas pela fundadora, em 2004 Dorothy faz uma peregrinação à França e à Bélgica, aos lugares que foram testemunhas da "paixão" da Irmã Júlia. Essa experiência reforça a sua fé.

Volta a Ohio renovada no espírito e decidida a continuar o seu trabalho no Brasil. Os seus amigos acham que ela anda mais pensativa do que de costume. Ela se justifica dizendo que precisa de *God time* (tempo de Deus) e não de *good time* (tempo bom). E acrescenta: "Tenho necessidade de mergulhar em Deus".

Imersão que continua depois de voltar à sua paróquia, entre a sua gente, fortalecida na convicção de que, antes ou depois, o governo conseguirá parar aqueles que matam os pobres trabalhadores. Ressoa no seu espírito o canto popular: "We shall overcome, some day", que pode ser traduzido: "Um dia conseguiremos".

E para facilitar o objetivo de êxito, um dia, ao fazer todos caminharem, de mãos dadas, como irmãos, Dorothy se esforça por tornar conhecida também no exterior a situação da floresta amazônica. Vem em sua ajuda um jovem produtor cinematográfico, Samuel Clements, decidido a tornar conhecido tudo o que Irmã Dorothy está fazendo em favor dos sem-terra. Imediatamente se tornam amigos. Visitam as zonas queimadas da floresta. A irmã pede a Samuel para não se expor demais nas filmagens, mas que filme tudo com discrição. São belíssimas as descrições que ele faz das zonas não contaminadas da mata virgem. Percebe-se entre linhas que ele se sente quase culpado por se alegrar com o fascínio daquela natureza encantadora, em comparação com os seus sentimentos de horror pela destruição da floresta e, pior ainda, pelo absurdo de chegar ao conhecimento do homicídio de tantas pessoas, culpadas apenas por terem sonhado encontrar ali um canto para matar a fome dos seus familiares. É muito comovente o relato que ele faz de um trabalhador que, convidando a ele e a Dorothy para jantar, além do punhado de arroz e de feijão preto, tem um só ovo a oferecer. As galinhas tinham posto um só ovo. Que tem de ser dividido entre oito pessoas! Um ano depois, Dorothy escreverá a Samuel que também aquele homem fora barbaramente assassinado!

Em 9 de outubro de 2004, Dorothy é citada perante o tribunal sob a acusação de fomentar uma rebelião armada contra os proprietários das terras e que ela própria distribuía as armas aos trabalhadores. Logo ela, que durante toda a sua vida não fez outra coisa senão ensinar os princípios fundamentais da não violência.

Antes de defender-se, Dorothy diz ao juiz: "Não sei para que estou aqui, mas peço permissão para rezar, porque Deus está aqui e ele nos ajudará". O juiz concorda.

O seu comparecimento ao tribunal está ligado à história de quatro trabalhadores presos injustamente. Dorothy quer que sejam libertados eles e ela mesma, iniciando um discurso que durará, sem ininterrupção, quatro horas. Tem muitas histórias a contar, muitos fatos documentais, homicídios, furtos, casas queimadas, colheitas dos pobres destruídas, erva semeada nas plantações de arroz, pessoas desaparecidas...

Quatro horas de acusação por parte de quem deveria ser acusada. A primeira audiência termina sem que o juiz se pronuncie. Enquanto se espera a segunda audiência, uma avalancha de cartas chega ao governador do Estado para demonstrar o absurdo de processar Dorothy. Com ela são "absolvidos" também os outros quatro acusados.

Enquanto continuam a chover acusações contra Dorothy, enquanto políticos e latifundiários dizem abertamente que é preciso livrar-se dela, a organização da OAB para os direitos humanos confere a ela a "Medalha Chico Mendes" do ano 2004. No verso da medalha está escrito: "Em honra dos heróis na sua luta pela vida e pela dignidade".

Entrevistada pela emissora televisão Canção Nova, Dorothy fala de si, da sua família e do seu compromisso pela salvaguarda da criação nestes termos:

> O grande amor que nutro pela terra vem da minha família. Eu o devo a eles. Meu pai trabalhou na terra por muitos anos, desde a infância. E ele sempre me ensinou que é preciso lavrar a terra de modo tal que, quando o trabalho estiver terminado, a terra esteja mais rica do que quando se iniciou. A terra é uma criatura viva e nós não podemos tirar a vida dela só para nós mesmos. A terra deve viver sempre. Devemos tratá-la com grande respeito e afeto porque ela é fonte de vida para todo o Povo de Deus. Quando comecei a trabalhar pelas pessoas nos Estados Unidos, estava no meio dos operários mexicanos e com eles passei muito tempo. Quando cheguei ao Brasil,

quis continuar a trabalhar da mesma maneira. Queria trabalhar com aqueles que tinham as mãos na terra. Queria ajudar essas pessoas a lavrar a terra de modo tal que estivessem em condições de não depender de ninguém no seu sustento.

Enquanto a vila de Anapu a declara *persona non grata*, ela recebe a cidadania honorária do Pará, que ao mesmo tempo a declara "a mulher do ano". Tal notoriedade faz apenas aumentar o número dos seus inimigos.

Espalha-se a notícia de que em janeiro de 2005 um grupo de proprietários de terra se reuniu num hotel em Altamira para decidir de que modo eliminariam Dorothy. Para os ricos, ela é um espinho na carne. As ameaças lhe são jogadas na cara de maneira insolente. Ela se limita a comentar: "Tudo o que peço a Deus é a graça de ajudar-me a continuar o meu caminho, lutando para que as pessoas possam gozar de uma vida mais justa, sempre, e, ao mesmo tempo, que aprendamos a respeitar a criação de Deus".

Enfim, dois proprietários de terra dizem que estão dispostos a pagar a quem matar Dorothy. O prêmio é de 12.500 dólares. Os instigadores são Vitalmiro Bastos de Moura, conhecido como "Bida", e Reginaldo Pereira Galvão, conhecido como "Taradão". Os proprietários de terra concordam com Taradão e com Bida na escolha de dois indivíduos para "fazer o trabalho". A comissão que estudará o caso do assassinato de Dorothy dirá que outras pessoas estiveram envolvidas no "negócio esquivo", além dos dois identificados. Clodoaldo e Raifran aceitam, pois precisavam de *dinheiro*: nunca tinham visto tanto dinheiro em sua vida! Estão convencidos, ademais, do fato de que os homicídios naquele município passam mais ou menos despercebidos e quem é condenado fica na prisão só alguns meses. Também eles, à sua maneira, pensam: "We shall overcome".

Um coração grande como o mundo

Dorothy, junto com dois trabalhadores rurais, viaja para Esperança, no estado do Pará, para participar da reunião do Projeto de Desenvolvimento Sustentável. Propõe-se a fazer mais uma das suas enésimas tentativas para convidar os trabalhadores a não deixar a terra quando recebem pesadas ameaças e os latifundiários queimam as suas casas. Abandonar a terra significa dar aos ricos prepotentes mais coragem para continuar os seus trabalhos sujos, aproveitando-se do terror semeado entre o povo pobre.

Clodoaldo e Raifran põem em execução o plano para matar Dorothy. O assassinato será consumado durante a noite, para poderem depois voltar para suas casas e no dia seguinte misturar-se com a multidão, fingido estarem chocados com o assassinato da brava freira. Ela está hospedada na casa de Vicente. Quando os dois sicários chegam ao lugar, não veem Irmã Dorothy. Procuram-na na rede. Mas nessa noite ela dorme no chão. Chove a cântaros. Não há nada a fazer.

Na manhã seguinte, 12 de fevereiro de 2005, a chuva fica mais fraca. Às 7h30, os assassinos veem Dorothy falando com alguém. Terminada a conversa, ela se dirige para o centro da comunidade, passando por um caminho estreito. Tendo chegado ao topo de uma pequena colina, Dorothy é envolvida como num manto de magníficas árvores. Ali aparecem Raifran e Clodoaldo, barrando a passagem dela. Dorothy cumprimenta-os gentilmente e começa a discutir sobre os direitos da terra. Convida-os a não semear capim para o gado, porque isso prejudica o ambiente. Fala da necessidade de salvaguardar a floresta e, ao mesmo tempo, afirma que entende a posição deles: são soldados que devem obedecer ordens.

Cícero, um amigo que está seguindo a irmã, tendo visto o perigo, se esconde entre as árvores e escuta a conversa. Vê a freira tirar os mapas que leva sempre na sua bolsa de plástico para mostrar a quem pertence a terra. Raifran pergunta se a freira tem uma arma. Ela tira a Bíblia e lê as bem-aventuranças. Depois convida os dois sicários a ir à reunião: "Deus abençoe vocês, meus filhos", deseja ela, e retoma o caminho. Raifran grita pelas costas que, se ela não resolveu ainda o problema dos trabalhadores, não os resolverá mais. Ela ergue a mão que segura a Bíblia. Raifran atira. O primeiro tiro atravessa a outra mão e termina na barriga. Dorothy cai com o rosto na terra. Recebe outros tiros de pistola. Tiros simbólicos na cabeça, no coração e no ventre, para eliminar o pensar, o sentir e o gerar. Porque aquele cérebro, aquele coração e aquele ventre foram uma ameaça para aquele tipo de desenvolvimento difundido no Brasil e especialmente na Amazônia.

A chuva continua a cair, lavando o sangue da primeira mártir da criação.

Aquele rosto plantado na lama

Continua a cair a chuva sobre o corpo inanimado de Dorothy. O rosto está semeado na lama. E ali permanece por horas e horas. Lúgubre e nobre emblema: "Se o grão de trigo, caído na terra, não apodrecer, não pode dar frutos". Cristo disse isso. E é usado exatamente o verbo "apodrecer". Porque morrer é demasiado fácil e nobre. É preciso apodrecer.

Cícero deixa o seu esconderijo na mata e corre, desesperado, gritando para todos: "Mataram a Irmã Dorothy! Atiraram na Irmã Dorothy". Sabe que os assassinos o viram e teme ser também ele eliminado. O terror invade todos os habitantes. Têm medo que os homicidas venham matar também a irmã que morava com Dorothy, Nilda. Por isso a colocaram num caminhão e a levaram embora.

Gabriel e Luís correm para o lugar onde jaz Dorothy na esperança de que ainda esteja viva. Numa mão a Bíblia. A outra mão sobre a boca, como se detivesse um grito. Ninguém toca no cadáver. À distância se escutam os lamentos dos camponeses que choram, desesperados, a sua freira.

O corpo de Dorothy fica no chão o dia todo. Corpo flagelado pela chuva que semeia na terra o seu sangue. As pessoas fecham-se nas casas. O terror invade cada pessoa. Todos esperavam ouvir as sirenes na polícia. A espera parece uma eternidade. Cresce o desespero e a raiva de saber que a freira está ali, na lama, e ninguém pode se aproximar dela, por medo de ser morto.

De boca em boca corre a notícia do assassinato da freira que tinha passado a sua vida a ajudar as pessoas e a salvar a floresta. Assim que Lula é avisado, manda a Polícia Federal ao lugar do delito para evitar outros massacres. O corpo de Dorothy finalmente é tirado da lama e levado ao hospital de Anapu.

Na aldeia, os moradores se sentem esmagados pela angústia. Muitos choram. Mas... nem todos estão na dor. Alguém dá livre desafogo à sua alegria pela morte da consagrada disparando fogos de artifício e abrindo garrafas de bom vinho. E, na embriaguez, lançam os desafios: "O que aconteceu com a freira, acontecerá também a vocês! Vocês perderam a vossa 'mãe'. Quem defenderá vocês?".

O crescente medo de que outras pessoas sejam assassinadas leva o governo a mandar dois mil soldados para prevenir explosões de violência. O corpo de Dorothy é levado a Belém para a autópsia, enquanto a notícia da sua morte dá a volta ao mundo. Uma multidão – representantes de toda categoria de instituições sociais, políticas e religiosas – está presente fora do hospital, em sinal de dor e de protesto. Por toda parte se desfila levando cartazes com a frase "Dorothy vive".

Iniciam a celebração. O caixão de Dorothy está envolvido na bandeira do Brasil, escoltado pelos carros da polícia, cercado pelo povo que reza, aplaude, chora. Irmãs e amigos vestem roupas com o bordado do girassol, a flor tão amada por Dorothy e símbolo das Irmãs de Nossa Senhora de Namur, em recordação da Irmã Júlia, que costumava repetir: "Deveis voltar-vos para Deus como o girassol que sempre olha para o sol".

A multidão exige que o cortejo fúnebre faça várias paradas. Em toda parte são celebradas missas, entoados os cânticos que mais agradavam a Dorothy, percorridos aqueles caminhos no meio da mata pela qual Dorothy era tão fascinada, trampolim para chegar a Deus e oásis para alimentar aqueles pobres pelos quais deu toda a sua vida.

Tinha repetido sempre que queria ser enterrada na floresta amazônica, ao lado do seu povo. Aquele povo que agora repete continuamente "Dorothy vive" cada vez que alguém eleva a voz para dar o seu testemunho. Entre tantas afirmações em sua homenagem, eis a da sua mais querida amiga, Irmã Jo Anne: "Hoje não sepultaremos Dorothy. Como uma árvore, nós a plantaremos".

Entre os discursos dos vários bispos presentes ao funeral, é recorrente a ideia de que Dorothy foi verdadeiramente uma mártir que une todos os crentes, encorajando-os no seu compromisso de louvar e dar o melhor de si na intenção de levar a justiça, a paz, tendo em vista a salvaguarda da criação. Compromisso que já o profeta indicara ao verdadeiro crente: "Já te foi indicado, ó homem, o que é bom, o que o SENHOR exige de ti. É só praticar o direito, amar a misericórdia e caminhar humildemente com teu Deus" (Mq 6,8).

Sustentada por esses ideais e com a sua grande paixão por esta humanidade, grande também nos seus limites, Dorothy se ergue como mártir, "dotada de um coração grande como é grande o mundo". Assim é apresentada agora pelas Irmãs de Nossa Senhora de Namur, como exemplo para as futuras coirmãs e como estímulo para continuar a obra iniciada por ela, com o mesmo método, com a mesma paixão, com as mesmas propostas oferecidas a todos aqueles que querem não só viver, mas também celebrar a vida.

As lágrimas e as perguntas de um bispo

Um ano depois do assassinato de Dorothy Stang, o último bispo dela, que a acolhera e animara a continuar a obra de evangelização do povo da floresta, escreve uma reflexão em forma meditativa. É uma prosa poética que não pode ser resumida com palavras diferentes das dele. O texto demonstra afeto, admiração, mas também muita indignação e revolta diante da justiça humana que tarda a fazer o seu percurso e não pune os verdadeiros culpados, embora bem conhecidos. Trata-se de Dom Erwin Kräutler, nascido na Áustria e bispo da Prelazia do Xingu, na Amazônia brasileira. O seu escrito é intitulado *O caminho continua*.

> O cenário é impressionante, comovente. Mata virgem, milenar! A floresta, do jeito como Deus a fez. Linda! Verde escura. Parece eterna, impenetrável. Altaneiro, um jatobá se ergue à nossa frente; mais adiante, de grosso tronco e copa esgalhada, um tamburi. Ao lado desses gigantes um humilde pé de bacaba e, à margem direita da estrada, a rainha das selvas, a majestosa castanheira. Uma estrada corta a mata virgem. Ela é nova, ainda sem sulcos cavados pelas chuvas do inverno tropical. Ascende suavemente ao topo da ladeira, onde se abre numa descida íngreme levemente encurvada para as profundezas de um vale sombrio.
>
> Ao chegarmos no local um bando de araras nos saúda com algazarra e batendo asa na copa do Jatobá. É mesmo uma saudação? Ou será que a vozearia dessas aves, tão famo-

— Irmã Dorothy: uma vida pela Amazônia —

A cruz significa também proteção para a terra de missão.

sas pela nobre plumagem azul e vermelha, é expressão de sua ira porque rejeitam a presença humana no seu mundo verde? Desconfiam de todos os homens! Os homens derrubam! Os homens destroem! Os homens queimam! Os homens arrasam! Os homens matam! Não deixam nada em pé! A esses homens insensatos, as araras amaldiçoam: "Vão embora, assassinos perversos! Vão embora, depredadores inescrupulosos! Vão embora, saqueadores insaciáveis!". A selva tomba, morre, vira estepe! O ruído estridente e dissonante de motosserra é o aviso fúnebre do fim do paraíso. É semelhante a uma sirena de alarme que alerta para a catástrofe. Salve-se quem puder! É preciso voar, fugir! Onde as araras farão seus ninhos, como cuidarão de seus filhotes? Nos morros incinerados ou em meio ao capim-braquiária que os homens semeiam para o boi pastar depois de incendiar a floresta e matar todos os seres vivos, tudo que tem alma e respira, a flora e a fauna? Coitadas das araras! Milhares de suas irmãs já se foram! Essas aí no alto do jatobá ainda sobrevivem. Melancólicas, depois de mais alguns gritos queixosos, fogem agora em busca de sossego numa copa frondosa bem distante. Até quando existirão ainda copas frondosas? Até quando araras?

No topo da ladeira, à sombra das grandes árvores, bem no meio da estrada, acariciada suavemente por alguns raios de sol, uma cruz branca! Cercada por um minúsculo canteiro com várias mudas, plantadas há pouco tempo. Uma mulher explica que agora, na estação das chuvas, as plantinhas crescerão rapidamente e o canteiro vai virar jardim. Na cruz branca, na parte horizontal, a inscrição "Dorothy Mae Stang" e na vertical, em cima do nome, uma estrelinha e a data 07/06/1931, embaixo uma cruzinha e outra data 12/02/2005. Foi aqui que o bárbaro crime aconteceu! Estremeço, fico arrepiado. Este é o lugar onde assassinaram a Irmã Dorothy. Contemplo a cruz. Alva, simples, exalando ternura. O mundo verde ao redor em silêncio. É tão misterioso o silêncio das árvores. Estão fincadas no solo em que deitaram suas raízes. Às vezes o vento as balança e agita seus ramos, faz a copa vibrar, os galhos gemer, as folhas sussurrar. Mas o silêncio das árvores não é mudo. Fala ao coração, toca a alma, afaga o nosso ser. Logo aqui, neste lugar! O que vou dizer? Melhor ficar calado e deixar-me contagiar pelo silêncio. Qualquer palavra neste momento seria uma profanação. Tenho a sensação de pisar em terra santa. É isso mesmo! Terra santificada e consagrada! Terra tingida pelo sangue de uma inocente Irmã, terra que bebeu o sangue de quem fez de sua vida uma doação "até o fim" (Jo 13,1), terra de que Deus ouve o sangue clamar por justiça (cfr. Gn 4,10). Não aquela da vingança, mas a justiça misericordiosa que se compadece do pobre, do excluído, dos sem voz e sem vez. O jatobá, o tamburi, o pé de bacaba, a castanheira, mas também as árvores menores e pequeninas, os arbustos e cipós estavam lá naquele sábado fatídico e presenciaram atônitos a morte cruel da Irmã. Os disparos ressoaram nas entranhas da selva, produzindo uma infinidade de ecos, enquanto os tiros assassinos perfuraram as entranhas da Irmã. De repente, silêncio total! "Tudo está consumado!" (Jo 19,30). Mas o silêncio não é mais de tranquilidade e paz. Até o vento deixou de sibilar nas folhas! É um silêncio mortal no meio da selva, um silêncio que acusa os homens, o silêncio do sangue derramado que mais uma vez clama a Deus, do solo da Amazônia.

Até quando, meu Deus! Tende piedade! Tende piedade! Dai-nos a paz!

À margem da estrada, a poucos metros da cruz, uma mesa coberta com uma toalha bordada e dois castiçais com velas brancas em cima dela. A mesa é da casa de seu Vicente que fica a uns trezentos metros de distância. Foi na casa de seu Vicente que Dorothy passou a última noite. Fui ver a habitação que ocupou nas derradeiras horas de sua vida. A pobreza é extrema. É a pobreza da gruta de Belém, é a pobreza do Filho do Homem que "não tem onde reclinar a cabeça" (Mt 8,20), a pobreza do Getsêmani, do Calvário. Alguém me conta que os assassinos haviam planejado matar a Irmã durante a noite, enquanto dormia. Rondaram a casa, espiaram pelas frestas, mas recuaram diante do choro de uma criança. A noite passou. Outra vez o sol vence as trevas. A meiga aurora pinta o mundo de cores. Cessa o frio úmido da mata, a neblina matutina se dissipa. Irmã Dorothy se despede de seu casebre por volta das sete. Não anda longe. Cícero a vê caminhar sozinha. Sai de seu barraco de lona e segue os passos da Irmã. De repente dois homens aparecem no topo da ladeira. São peões do fazendeiro Tato, apelidados de Fogoió e Eduardo. A Irmã os cumprimenta. Entabulam um curto diálogo. Dorothy diz estar consciente de que os dois são apenas "soldados mandados", mas mesmo assim os adverte que semear capim nesta área seria crime ambiental. "A senhora está armada?" indaga subitamente Eduardo. "Eu? Armada?" reage Dorothy perplexa, abre a boroca, tira e mostra a Bíblia: "Esta é a minha arma! Ouçam o que está escrito no Evangelho: Felizes os pobres em espírito, porque deles é o Reino dos Céus. Felizes os mansos, porque herdarão a terra. Felizes os que têm fome e sede de justiça, porque serão saciados" (Mt 5,3.4.6). São suas derradeiras palavras. "Chega de conversa! Desta vez é pra valer!" Fogoió saca de sua arma e abre fogo contra a irmã. Três tiros. Dorothy ergue os braços e cai. Já caída, leva outros dois tiros. A última imagem gravada na retina: dois homens, um deles com a arma em punho, o jatobá, o tamburi, o pé de bacaba, a castanheira, o verde da mata, o barro da estrada. O mundo escurece para Dorothy. Seu coração para de bater. A luz dos olhos se apaga. Dorothy está morta. São sete e meia da manhã. Sábado, dia 12 de fevereiro de 2005. Concretizaram-se as ameaças que há tempo circularam em Altamira e Anapu. Ninguém acreditou que fossem consumar-se. Consumaram-se. Depois de 23 anos de doação abnegada e dedicação generosa ao povo pobre da Transamazônica, Irmã Dorothy dá sua máxima prova de amor, "Ninguém tem maior amor do que aquele que dá a vida pelos amigos" (Jo 15,23).

Tudo está preparado para a celebração da Eucaristia. Os cantos escolhidos. As orações e as leituras são do Advento. [É o dia 17 de dezembro de 2005, sábado da III Semana de Advento.] Luís dá as boas vindas aos presentes. Ele mora aqui perto com sua mulher Francisca das Chagas e seus sete filhos. Vieram do Maranhão. Luís contou-me a sua história, como sofreu nas mãos de Tato que o perseguiu, ameaçou, jurou de morte. Tato, Fogoió e Eduardo infernizaram a vida de sua família. Foi um contínuo pesadelo, noites sem dormir, dias vividos de sobressalto. Mas no dia em que Tato prometeu matar a família toda e já estava de arma na mão, "Deus levantou uma parede entre ele e nós" recorda Luís, visivelmente emocionado.

"Senti a mão de Deus. Deus é sempre mais forte!" Dona Tonica entoa agora o canto de entrada. Fazemos o sinal da cruz, pedimos perdão. Rezo a oração do Advento. A primeira leitura é tirada do Livro do Gênesis (Gn 49,2.8-10) que fala da Justiça com que Deus agirá: "O cetro não será tirado de Judá... até que venha aquele a quem pertencem e a quem obedecerão os povos!". Depois é de novo Luís quem proclama o salmo responsorial. Rezado por ele, este salmo soa diferente, torna-se atual, concreto, palpável, promessa de Deus para Luís e sua família, para todas as famílias deste ramal Esperança: "Nos seus dias a justiça florirá e paz em abundância, para sempre" (Sl 72/71). O Evangelho do dia seria a genealogia de Jesus, segundo Mateus. Desisto, porém, de proclamar o primeiro capítulo de São Mateus. No lugar em que estamos, só cabem as palavras que foram as últimas proferidas pela Irmã Dorothy. Quem a conheceu sabe como essas bem-aventuranças inspiraram a sua vida.

"Felizes os pobres em espírito." Quando, em 1982, Irmã Dorothy se ofereceu para trabalhar na Prelazia do Xingu foram os pobres que a atraíam. "Quero trabalhar entre os mais pobres" afirmava na época e lá foi ela para a Transamazônica Leste. Não fez apenas "incursões" esporádicas para o meio dos pobres. Não! Ela vivia entre os pobres, do jeito dos pobres, ela mesma pobre. Sua opção não tinha nada de romântico. É muito duro viver como ela viveu! Mas assim ela conquistou a confiança dos pobres. Passou a pertencer à família dos pobres.

"Deles é o Reino dos Céus." Que Reino é esse que será dos pobres? "Não é deste mundo", disse Jesus diante de Pilatos que o condenou à morte (cf. Jo 18,36). Mesmo não sendo deste mundo, começa a concretizar-se neste mundo. O inferno sempre se levantará contra ele e investirá todo o seu poder maligno para destruí-lo, mas jamais prevalecerá. Os apaixonados por Deus se comprometem e não medem esforços porque sabem que no fim triunfará o Reino "eterno e universal: reino da verdade e da vida, reino da santidade e da graça, reino da justiça, do amor e da paz" (Prefácio de Cristo Rei).

"Felizes os mansos, porque possuirão a terra". A humildade é irmã da pobreza. Ela se baseia num incondicional amor à verdade. É ser transparente, límpido e puro como cristal! Nada de querer aparecer e alimentar vaidades, muito menos inchar-se de orgulho. Pobreza e humildade geram a mansidão, a soberana virtude de quem nunca apela a expedientes escusos para realizar seus intentos. Quem conhecia Dorothy lembra a sua fala "mansa", embora mansidão nada tenha a ver com o timbre de voz. Mansidão é a perseverança no cumprimento de uma missão. Mansidão é não deixar-se abalar, jamais usar meios violentos, nem sequer altear a voz. É a não violência a todo preço, não violência ativa! Mansidão é seguir à risca os ditames morais e legais, nunca procurar subterfúgios, apostar em manobras, inventar arranjos e abrir brechas, tentar adaptar leis e normas, interpretá-las para defender interesses pessoais. Mansidão é recomeçar sempre quando malogros e derrotas acontecem ao longo do caminho. Mansidão é, quando fecham ruidosamente uma porta, pedir licença de entrar por outra, ou então, aproveitar-se de uma janela aberta para dirigir-se aos que estão dentro da sala, já que não deixam entrar. Mansidão é agir, sabendo que a vitória final é garantida. Mansidão é ir ao suplício sem abrir a boca (cf. Is 53,7).

"Porque possuirão a terra." É a Terra de Deus, a terra santa, sagrada, prometida, "terra que mana leite e mel" (Ex 3,8). Terra é sinônimo de Reino de Deus. Não é um reino apenas idealizado, utópico, sonhado! O Reino de Deus assume formas concretas e tem consequências para a sociedade, para o mundo de hoje e sempre! O Reino se estabelece no chão que pisamos e não alhures, num mundo fictício e onírico.

Na Terra de Deus não pode haver excluídos, perdedores. Na Terra de Deus não existem milhões de homens, mulheres e crianças banidos, exilados, expatriados, desterrados. "Possuirão a terra" é mensagem salvífica, é promessa de paz e felicidade. Expressões populares – "Não têm onde cair morto", "Sem eira nem beira", "A terra que possuo? O sujo debaixo da unha", "Minha terra? Sete palmos debaixo do chão, quando morro!" – provam a ausência da Terra de Deus e revelam a realidade dura de tantos brasileiros e brasileiras deserdados, lançados fora, descartados, tidos como supérfluos. São os "desconectados" do mundo globalizado. Não produzem para o mercado, por isso não contam nem interessam. Mas querem viver! Um pedaço de terra é para eles a única chance de sobreviver com a família. Não nutrem ambições de enricar. Querem somente viver sem ter fome, querem plantar para colher, produzir para o próprio gasto. Contentam-se com o mínimo necessário. Mas no sistema neoliberal não têm vez. Pelo contrário, são ocupantes indesejados de terras que poderiam ser utilizadas com muito mais proveito. Propriedade familiar não faz sentido. Não rende dividendos, não visa à exportação. O latifúndio é que vale, o agronegócio é produtivo, promete lucro imediato e enriquece o Brasil. Por isso os fazendeiros e madeireiros avançam, com as bênçãos do governo, sobre as terras públicas, promovem a grilagem, devastam as florestas, espalham violência, intimidam e expulsam pobres posseiros. Enviam, de tempo em tempo, seus "gatos" para o Nordeste a fim de arrebanhar algumas centenas de desempregados naquela Região. Como gado, são transportados em paus-de-arara para Amazônia onde imediatamente entram no regime de trabalho escravo. É a terra dos homens! E dos demônios!

A Terra de Deus encerra um outro projeto, propõe um outro tipo de sociedade. A Terra de Deus é lugar de vida e fraterna convivência, de solidariedade amorosa. A Terra de Deus é como coração de mãe: há lugar para todos os filhos e filhas. A Terra de Deus é o lar que Deus criou para todos e não apenas para uns poucos privilegiados. Dorothy e tantos outros morreram por defenderem esse lar, a Terra de Deus.

"Felizes os que têm fome e sede de justiça, porque serão saciados." Lucas se refere em seu Evangelho apenas aos que não têm nada para comer (Lc 6,21). Mateus fala de fome e sede de justiça. Com isso não exclui os que sentem fome material. Estes, pelo contrário, são os mais injustiçados. Negar o alimento, negar um copo d'água é injustiça levada ao extremo. Mateus coloca fome e sede num contexto mais amplo. A Justiça de Deus é a nossa salvação, é a Misericórdia Divina. A Justiça de Deus desce dos céus e – qual graça de todas as graças! – vem ao nosso encontro, manifestando-se em Jesus Cristo, Filho de Deus, que nos torna herdeiros do Reino. Justiça na Bíblia vai muito além da justa distribuição de bens, da participação equitativa no produto nacional bruto. Justiça exige amor. "Aprendei a fazer o bem. Buscai o direito. Corrigi o opressor. Fazei justiça ao órfão, defendei a causa da viúva!" (Is 1,17). Justiça requer compromisso, engajamento, também no campo social e político, defender a verdade contra a mentira, a honestidade contra todas as formas de corrupção.

Justiça, no entanto, não se refere apenas ao relacionamento interpessoal, intergrupal, internacional. Justiça tem também sua componente ambiental e exige respeito e amor para com o mundo que nos circunda, com a flora e a fauna, com tudo o que Deus criou, exatamente porque "Deus viu que tudo que havia feito era muito bom" (Gn 1,31).

A Justiça de Deus, enfim, é a última e a única instância em que os pobres confiam. A justiça humana é falha, unilateral, interesseira. Especialmente na Amazônia o pobre experimenta sempre de novo que não há justiça para ele. Ela não está ao seu alcance. Já o termo "justiça" logo o faz lembrar o dinheiro que ele não tem, para pagar advogado. Quem não tem recursos perde a questão, mesmo tendo razão, e pobre condenado mofa na prisão. Rico condenado logo mais se beneficia de um alvará de soltura ou então "aguarda julgamento de recurso em liberdade", eufemismo para dizer que, na realidade, o processo está sendo arquivado. Quantas vezes já ouvi em minha vida a frase: "Para nós não há justiça. Somos pobres!", infelizmente, é a mais pura verdade!

No dia 10 de dezembro de 2005, Rayfran (Fogoió) e Clodoaldo (Eduardo) foram condenados a 27 e 17 anos de prisão. Rayfran, porque matou a Irmã Dorothy com cinco tiros; Clodoaldo, por ter instigado e auxiliado Rayfran. Assim fala a sentença. Os três fazendeiros, Tato, Bida e Taradão, aguardam o julgamento, sabe-se lá quando. O peão Clodoaldo, empregado de Tato, foi condenado por ter "instigado e auxiliado" o assassino! Por que, até agora, só o Clodoaldo? Aqueles que gritaram: "Essa freira tem que ser eliminada" não instigaram o crime? Até bem mais do que o Clodoaldo! Não deveriam ser todos eles presos e julgados? Havia até promessa de palanque durante a campanha eleitoral: "Se eleito for, farei a Dorothy desaparecer de Anapu!". Não instigou o crime quem diante da câmara da TV Globo afirmou em bom e alto som: "O que essa religiosa está fazendo é um acinte!" e ainda acrescentou: "Existe gente armada que vai reagir!". Não instigaram o crime todos aqueles que em reunião secreta, realizada em Altamira, tomaram a decisão de encomendar o crime? Não instigaram o crime todos aqueles que difamaram a Irmã, acusando-a de distribuir armas aos colonos, atribuindo-lhe o crime de formação de quadrilha? Não instigaram o crime aqueles vereadores que, da tribuna da Câmara Municipal, atacaram o trabalho da irmã, condenando sumariamente seu engajamento em favor dos pequenos e defendendo os fazendeiros e madeireiros que custearam suas campanhas eleitorais? Não se revelaram *post mortem* como mentores do crime todos aqueles que queimaram fogos quando souberam da morte da Irmã? Por que ninguém os chama para dar esclarecimento, para depor? Por que pararam os inquéritos? Será que para a "justiça" já bastam dois condenados e os três aguardando julgamento para produzir manchetes, mais uma vez "para inglês ver"? Os verdadeiros instigadores e responsáveis que não foram importunados agradecem encarecidamente. Mais uma vez se safaram! Que justiça é essa?

Em que pé está o processo de nosso Dema? Morreu pelas mesmíssimas razões que a Dorothy. Defendeu os pequenos e o meio ambiente. Levantou sua voz contra o projeto absurdo da hidrelétrica Belo Monte e não engoliu as mentiras, reagindo contra a estupidez com que os barrageiros e os políticos de plantão falam desse projeto, escondendo as reais consequências para o povo e o meio ambiente. Foi assassinado na madrugada de 25 de agosto de 2001 diante de sua esposa querida, Maria da Penha, mãe de seus filhos. Ninguém mais fala deste processo! Não teve a sorte de ter nascido nos Estados Unidos, para sua morte ter repercussão internacional! O processo vai ser arquivado? Ou já foi arquivado, há tempo?

"Felizes os que têm fome e sede de justiça, porque serão saciados." Só a Justiça de Deus será capaz de saciar toda a fome e sede. "A Justiça Divina tarda, mas não falha!"

É hora das ofertas. Dona Tonica entoa o canto. A catedral em que celebramos é a floresta. As figuras que adornam o templo são o jatobá, o tamburi, o pé de bacaba, a castanheira e todas as outras árvores e plantas que estão aí mostrando sua beleza verde. As araras voltaram mais uma vez para a copa do Jatobá. Cantam e louvam seu criador à sua maneira! Ofereço pão e vinho, o "fruto da terra e do trabalho humano", simbolizando nosso empenho, nosso suor, nossa luta, a dor e sofrimento de tanta gente, mas também, apesar de tudo, nossa alegria de estarmos aqui reunidos, irmãos e irmãs uns dos outros, de não termos recuado ou esmorecido diante da prepotência e perversidade dos que se julgam donos da Amazônia, de acreditarmos na Terra de Deus e não na terra dos homens.

Mais uma vez repito as palavras sagradas: "Na véspera de sua paixão... Tomai e comei: Isto é o meu corpo que será entregue por vós. Tomai, todos, e bebei: Este é o cálice do meu sangue... que será derramado por vós e por todos...".

Quantas vezes já as pronunciei nos mais diferentes lugares e circunstâncias! Sempre de novo o céu e a terra misteriosamente se tocam, o Divino envolve o humano. O que celebramos não é só piedosa recordação, grata lembrança de um fato histórico, mera confraternização entre irmãos e irmãs. É muito mais! É o Corpo entregue, o Sangue derramado de Jesus que se torna sacramentalmente presente, é o "Sacrifício da Cruz... o memorial da sua morte e ressurreição: sacramento da piedade, sinal de unidade, vínculo da caridade, banquete pascal" (SC, n. 47). Ao erguer as sagradas espécies, vejo diante de meus olhos o corpo da Irmã, esticado na estrada: "Corpo entregue"! Vejo o barro embebido pelo sangue que mana de cinco perfurações: "Sangue derramado". Lembro as cinco chagas de Jesus!

Rezamos, de mãos dadas, o Pai-Nosso, a Oração do Senhor, e comungamos o Corpo e o Sangue de Cristo. É nosso alimento de peregrinos neste mundo tão conflitivo e perverso, é a força, a energia que dá coragem aos apaixonados pelo Reino, os sustenta e fortalece, lhes dá a graça da mansidão e perseverança no longo caminho. Contemplo novamente a cruz branca da Dorothy. Tantas cruzes à beira das nossas estradas, dos nossos rios e igarapés! Irmãs e irmãos tombaram, derramaram seu sangue, doaram sua vida! Mas sua morte não mudou o rumo do Caminho. [O modo absoluto de usar o termo "caminho" é peculiar aos Atos dos Apóstolos, designando a comunidade dos fiéis. Por exemplo: "pertencendo ao Caminho" (At 9,2); "expuseram-lhe o Caminho" (At 18,26).] Sua morte compele, incentiva-nos no Caminho! O Caminho continua![2]

---

[2] Texto integral fornecido pelo próprio Dom Erwin Kräutler. Escrito em Altamira, e datado 2 de janeiro de 2006.

"Feliz tu que acreditaste"

Feliz és tu, Dorothy, pelo teu falar calmo, quase baixinho, mas com determinação irremovível. És capaz de dialogar com os teus inimigos e também com os teus assassinos. Sempre pronta para a compaixão, para o perdão e para aquele amor que "tudo crê, tudo espera, tudo justifica".

Feliz és tu, que viveste ensinando a todos que a finalidade da terra é dar alimento ao povo e não dinheiro aos ricos.

Feliz és tu, que consideraste a floresta como uma catedral, as árvores como as colunas do céu, e proclamaste as espécies que nela vivem "belas e boas", como viste Deus fazer na aurora da criação.

Feliz és tu, que, mesmo na dúvida, continuaste a orar, convencida de que Deus basta para encher a vida. Ele é a força do lutar com fé, concretizando a esperança com as obras do amor.

Feliz és tu, que, perguntada se tinhas armas, tiraste da tua bolsa a Bíblia e leste as bem-aventuranças.

Feliz és tu, que com a tua morte te tornaste um símbolo, uma mártir, um ponto de referência e sem retorno. A tua morte já é uma ressurreição: revelou uma situação de violência e de destruição e a denunciaste em todos os cantos da terra. Agora os pobres sabem que podem levantar a cabeça e caminhar para uma terra na qual o coração, livre do medo, não mastiga mais um pão embebido em lágrimas. Uma terra em que se possa sonhar.

SEGUNDA PARTE

Dorothy Stang e a teologia da criação

O Magistério dos "pequenos"

O apóstolo Paulo convida os cristãos a viver a verdade na caridade (cf. Ef 4,15). A encíclica de Bento XVI *Caritas in Veritate* é uma exortação a isso: "A caridade na verdade, que Jesus Cristo testemunhou com a sua vida terrena e sobretudo com a sua morte e ressurreição, é a força propulsora principal para o verdadeiro desenvolvimento de cada pessoa e da humanidade inteira" (n. 1).

Desde as primeiras linhas a encíclica afirma que "a caridade é a via mestra da Doutrina Social da Igreja" (n. 2). Por outro lado, dado o risco "de ser mal-entendida, de excluí-la da vida ética", é conjugada com a verdade: "Um Cristianismo de caridade sem verdade pode ser facilmente confundido com uma reserva de bons sentimentos, úteis para a convivência social, mas marginais". Sem ela, "a atividade social acaba à mercê de interesses privados e de lógicas de poder, com efeitos desagregadores na sociedade".

A verdade é o objeto principal do Magistério da Igreja, expresso através de pronunciamentos ordinários e extraordinários do Papa, em harmonia com o pensamento dos bispos de todo o mundo. Mas antes de chegar a uma tomada de posição oficial acerca da exegese, do dogma e da moral, a Igreja põe-se a ouvir o *sensus fidelium*, o sentir comum dos fiéis, em particular dos santos, dos humildes, daqueles "pequenos" considerados por Cristo os maiores do Reino dos Céus. O Magistério dos pequenos e dos pobres em sentido bíblico, ou seja, daqueles que se esvaziam de si mesmos para fazer de Deus e do próximo a sua riqueza.

Dorothy Stang foi voz poderosa desse Magistério. É o que testemunha Dom Erwin Kräutler, bispo da Prelazia do Xingu, um dos lugares onde é mais selvagem a exploração por parte dos latifundiários e das companhias mineradoras.

Com o Bispo Kräutler, Dorothy trabalhou muito para salvaguarda da criação. Depois de sua morte, pela vontade de defender o heroico sacrifício dela, Dom Erwin é continuamente ameaçado de morte. Vive continuamente escoltado pela polícia. Ironicamente, ele se define como um "latifundiário espiritual", porque a sua diocese é mais extensa que a Itália, e acrescenta:

> Encontro-me sob proteção especial da polícia vinte e quatro horas por dia. Os madeireiros e os comerciantes de madeira não usam meios-termos. Dizem: "Se o senhor continuar a falar, corre perigo". Através de cartas e de mensagens na internet marcam o dia da minha morte. O importante para essas pessoas é enriquecerem-se de um dia para o outro.

E com sofrimento começa a falar de Dorothy: "No ano passado (2008), um tribunal de Belém condenou o assassino da religiosa norte-americana, mas absolveu o proprietário de terra acusado de ser o mandante, Vitalmiro Moura, o Bida". Depois cita as palavras do promotor público Edson Souza, na leitura da sentença:

> A Irmã Dorothy foi perseguida em vida e agora é insultada na morte... É demasiado fácil condenar o assassino, um homem pobre, e absolver o latifundiário, que tem mais poder. Quem toma posição a favor dos excluídos na

— O Magistério dos "pequenos" —

Dorothy com uma família de camponeses, nos arredores de Anapu.

Amazônia se torna automaticamente inimigo dos fazendeiros, dos madeireiros, dos garimpeiros... Gente que se enriquece da noite para o dia.

Dom Erwin Kräutler conclui:

A nossa mártir Dorothy Stang foi morta porque acreditava num sonho diferente para a Amazônia, porque defendia os projetos de desenvolvimento sustentável e lutava pelo assentamento dos simples colonos que precisavam cultivar e viver. Opunha-se à ideia de crescimento infinito do latifúndio que, para ampliar-se, não aceita as vozes contrárias.

O mais belo elogio de Dom Kräutler a Dorothy consiste em achar que toda a vida dela foi um dom. E assim ela surge como ícone da encíclica *Caritas in Veritate*, a cuja leitura remeto, pois esse documento é de importância fundamental para quem deseja pôr-se a serviço da vida humana, da justiça, da paz e da salvaguarda da criação.

Esta segunda parte do livro visa a aprofundar a lição, o testamento, a herança moral da Irmã Dorothy, começando pelas reflexões teológicas que aprofundei graças à comparação com a sua vida, com o seu pensamento e o seu testemunho de fé no Deus que se encarna no homem. Fé que a levou ao martírio.

Seguirão notas teológicas que, partindo de algumas reflexões do Bispo Erwin, nos dão a oportunidade de analisar o que os cristãos de diversas denominações estão propondo aos fiéis, tendo em vista um diálogo ecumênico, centrado na salvaguarda da criação.

Enfim, partindo dos momentos mais destacados da vida de Dorothy e coletando algumas frases emblemáticas dela, nós as aprofundaremos com os mais recentes documentos das Igrejas cristãs, que neste período fazem da salvaguarda da criação o tema central do seu diálogo.

Para uma teologia e espiritualidade da criação

As "iniciais de Deus" no testemunho de Dorothy

Ao apresentar a vida de Dorothy Stang, já tive a oportunidade de sublinhar alguns conceitos que animam a teologia e a espiritualidade da criação nos nossos dias. Agora proponho algumas reflexões, de caráter moral e bíblico, que ajudem o leitor a descobrir e apreciar sempre mais tanto a teologia atual acerca da criação como os vários pronunciamentos da Igreja sobre o tema.

Partindo do testemunho da Irmã Dorothy, esboço uma espécie de decálogo que não quer tomar o aspecto de "lei", mas de um ideal encantador para todos os que amam a vida. Para os crentes em particular, quer dizer, para quem tem consciência de que viemos do pó e pelo sopro de Deus, e ambos os elementos – corpo e espírito – devem ser respeitados se quisermos viver e transmitir à posteridade um cosmo no qual a pessoa possa fazer sua a experiência de Ernesto Cardenal: "Em toda a terra encontramos as iniciais de Deus e cada ser criado é uma letra de amor que Deus nos envia".

1. *A criação é um lugar mais para contemplar do que para explorar.* Tudo o que sai das mãos de Deus é uma realidade admirável. Nada deve ser demonizado. Mas, no paraíso das delícias, diz

a Bíblia, há duas árvores: a árvore da vida e a árvore do conhecimento do bem e do mal. Há uma árvore que, se respeitada, ajuda o crescimento do homem; se usada mal, torna-se causa de morte total. O homem é chamado a conhecer e a contemplar o fruto, não a destruí-lo, "comendo-o". Há alguns limites impostos à nossa condição criatural, ultrapassados os quais o lugar das delícias se torna lugar de morte. Não mais paraíso a contemplar, não mais mãe terra, mas terra madrasta, que produz "espinhos e cardos" (cf. Gn 3,18).

2. *A ciência e a técnica não são valores absolutos.* Embora seja justo estarmos orgulhosos pelos tantos progressos da ciência, hoje em dia é preciso deixar claros os limites. É preciso rechaçar a tentação de idolatrar a ciência e a técnica como se fossem um valor absoluto: este é o grave erro feito por quem considera a pesquisa científica e o trabalho apenas em sentido objetivo, sem ter presente o ser humano, com os seus direitos a ser tratado como tal e não como meio de produção e de experimentação, sacrificável no altar do progresso.

Hoje os cientistas têm a obrigação de não ignorar as consequências, para as futuras gerações, de pesquisas, de opções, de decisões voltadas para a solução de problemas atuais acerca do ambiente, da bioética e da energia. Seria uma grave ilusão repor uma confiança ilimitada no futuro desenvolvimento da ciência, considerando natural que ela, antes ou depois, descobrirá as soluções para neutralizar os erros cometidos e reduzir os riscos aos quais estão expostas populações inteiras.

3. *O progresso deve estar em função da pessoa.* "O progresso de que se está a falar aqui deve ser atuado pelo homem e para o homem e deve produzir frutos no homem" (*Laborem Exercens*, n. 18). A vida humana tem um valor imenso ao qual não se pode renunciar em nome de um progresso puramente material, desligado de valores humanos. Por um ideal se pode oferecer a vida até o

martírio. Contudo, é absurdo exigir o sacrifício de uma só existência por um progresso discutível.

4. *É sacrossanto o direito ao conhecimento de toda a verdade.* A frase de Cristo – "A verdade vos libertará" – pode ser aplicada à ciência que se torna instrumento de libertação quando não é utilizada em função do poder e é divulgada nas suas principais conclusões com uma linguagem acessível a todos. No discurso conclusivo do Sínodo de 1980, João Paulo II parafraseou assim a frase: "É a verdade que liberta, é a verdade que ordena, é a verdade que abre o caminho para a santidade e para a justiça".

5. *O fim não justifica os meios.* Embora o Absoluto seja único, pode-se, todavia, afirmar que também o ser humano, criado à sua imagem e semelhança, é um absoluto. A pessoa é fim em si mesma, e não é instrumentalizável em nome de exigências consumistas e de projetos que lesem a dignidade humana. Há uma vocação para a vida. A morte dela não pode ser prevista com um cálculo das probabilidades, avaliada e declarada aceitável. É imoral monetarizar a vida e a morte como critério para uma decisão, mas é ainda mais imoral invocar o princípio maquiavélico do fim que justifica os meios. Não se pode recorrer ao "princípio de totalidade" quando se pretende subordinar as partes a um todo de ordem moral (família, sociedade e nação): aqui o todo não tem uma unidade subsistente em si, mas uma simples unidade de finalidade e de ação. A comunidade não é uma pessoa para si: os indivíduos são apenas colaboradores. Daí se segue que, longe de pedir o sacrifício da personalidade dos membros, o verdadeiro bem do todo social consiste precisamente na defesa e na promoção dos indivíduos que integram a comunidade. Um indivíduo ou uma pequena comunidade não são sacrificáveis por um (hipotético) bem da nação.

6. *Uma sociedade "à medida do homem".* Segundo os princípios fundamentais da democracia, todas as pessoas deveriam estar

envolvidas na planificação de uma sociedade estruturada à medida do homem. Com esse pressuposto, junto com a obediência a uma autoridade que proponha leis e ideais razoáveis, pode coexistir uma "desobediência civil", no caso de serem atropelados os valores fundamentais que dizem respeito à dignidade da vida humana: trata-se de uma desobediência a projetos que não refletem as reais aspirações do ser humano ou que o frustram fazendo-o entrar na lógica do ter sempre mais, mesmo ao custo de comprometer a própria existência.

7. *Toda opção deve estar orientada para a defesa da qualidade da vida.* Pode considerar-se com razão "defensor da vida" apenas aquele que luta em todos os níveis para que a vida seja julgada "sagrada" em cada estágio de seu desenvolvimento. Defendamos a vida opondo-nos à corrida armamentista, ao consumismo, ao potencial de morte ligado às opções nucleares e gritemos o nosso *Não!* à guerra; *Não!* às três toneladas de explosivos que pairam sobre a cabeça de cada um de nós; *Não!* à perspectiva de um cataclismo de dimensões mundiais na eventualidade de uma guerra nuclear com possibilidades destrutivas quase inimagináveis; *Não!* à derrubada da floresta, cujas árvores são as colunas do céu e os pulmões da terra.

8. *Somos chamados a dar testemunho de uma pobreza digna, aquela pobreza que Cristo chamou de "feliz".* Em oposição à lógica consumista e ao mito do esbanjamento como demonstração de elevação do *status* social, o cristão deve fazer-se testemunha da mensagem bíblica, que foi confiada aos "pobres de Javé".

Pobre é aquele que nas escolhas de cada dia da sua vida declara que Deus – e só Deus – é a verdadeira riqueza, por isso queima os ídolos do ter, "não considera seu o que tem" (cf. At 2,42-47), não esbanja os bens da terra nem dispõe deles como se fossem seus, consciente de que o desejo desmedido de posse gera a injustiça, rompe a aliança com Deus e polui as relações sociais. Para o cristão, é uma necessidade, além de ser uma obrigação moral, compartilhar com os outros aquilo que é, além do que tem, lembrando o que disse Santo Ambrósio, "o teu supérfluo é roubado dos pobres". E por "supérfluo" se deve entender toda diferença que há entre mim e o "outro", a saber: diferença intelectual, afetiva e material.

Aquilo que o homem desperdiça, esbanja, o que não compartilha, torna-o culpado em relação ao sétimo mandamento: torna-o ladrão, demole a estima que deveria ter de si mesmo, da sua dignidade, possível apenas quando ele escolhe *ser* antes de *ter*, quando escolhe aquele Deus que exalta a pobreza honesta, reveste-a de dignidade e proclama o pobre feliz.

9. *Somos chamados a respeitar a ordem primordial: "[...] enchei a terra e submetei-a" (Gn 1,28)*. Este mandamento apresentado na primeira página da Bíblia está na base de uma reta concepção do desenvolvimento da técnica e é o fundamento sobre o qual se pode construir uma teologia do trabalho. Se o homem se esforçasse por tornar este mundo uma espécie de "paraíso terrestre", viver "não seria um privilégio para poucos e um incômodo para muitos, mas para todos um (alegre) compromisso" (A. Manzoni) e seria mais fácil a volta para Deus.

Num mundo que escapa das mãos dos seres humanos, que sinais podem ser encontrados que indiquem o caminho para voltar ao Senhor? Lá onde se rompe a harmonia homem-natureza, rompem-se quase automaticamente os pontos com aquele que é o autor de ambos. A solidariedade homem-criatura invade toda a Bíblia, assim como anima as sagradas liturgias, que, se forem bem vividas, tornam-se uma das fontes primárias para educar para o amor e o respeito do semelhante e, ao mesmo tempo, da obra admirável da criação.

10. *Somos chamados a celebrar a vida, celebrando a nós mesmos*. Não existe nenhum outro como tu. A tua vida, os teus

dons, as tuas experiências são realidades únicas no mundo. És "divino". Tens uma imensa potencialidade de crescimento, de dedicação, de amor. Não podes permitir que os teus limites ocultem ou suprimam a tua incomensurável beleza e a tua insondável bondade. Se no teu passado houve erros, eles foram amplamente perdoados por aquele Deus que é novidade, é vida, é ressurreição e não olha o passado, mas alegra-se em inundar-te de graças, hoje, e de preparar para ti muitas outras para amanhã. És amado e foste perdoado. Por isso ama e perdoa os outros que contigo querem viver uma existência plena.

Sê grande! Celebra a vida, agora. Dá ao instante presente um início, um novo sentido. Tudo depende de ti. Acolhe o dom da vida e responde prontamente àquele que se propõe com palavras de vida eterna: "Se hoje escutares a minha voz, não endureças o coração!...". O Reino de Deus está dentro de ti. O Reino de Deus é o teu coração. O Reino de Deus é a maravilha criada a ti oferecida como dom, para que o entregues, melhorado, aos que virão. O Reino de Deus é o convite que Cristo faz a ti para te alegrares, crendo na Boa-Nova de que "Deus se fez homem para que tu, homem, te faças Deus".

***

Partindo da vida e das afirmações feitas por Dorothy Stang, aprofundemos essas intuições resumindo as ideias mais comuns presentes na atual reflexão sobre a salvaguarda da criação, baseada na Palavra de Deus.

A Bíblia e a criação: para aprofundar o pensamento de Dorothy Stang

A vida e o martírio da Irmã Dorothy Stang convidaram a humanidade, e em particular os cristãos de toda denominação, a

—— Para uma teologia e espiritualidade da criação ——

Dorothy com um grupo de manifestantes pelos direitos sobre a terra.

aprofundar as orientações teológicas que nestes últimos anos as Igrejas estão propondo aos seus fiéis.

Essas orientações pretendem sublinhar a urgência de levar a conhecer a teologia da criação e sugerir pistas sobre as quais podemos todos encaminhar-nos, tendo em vista a salvaguarda dos dons maravilhosos postos por Deus nas nossas mãos.

Não tenho a presunção de ser exaustivo. Limito-me a fornecer um instrumento que sirva para desenvolver no leitor o gosto de:

- tornar-se "criador", segundo o eterno plano do Pai;
- contemplar toda realidade renovada, regenerada e recapitulada em Cristo, a mais bela flor da criação;
- pôr-se a serviço da justiça e da paz, com aquele sentido de maravilha que – por inspiração do Espírito Santo – levou o autor do Sl 104(103) a entoar um hino do universo.

Tal salmo pode ser reformulado como *Hino ao Criador*:

> Vestido de luz como de um manto
> tu te revelas na tua magnificência, ó Deus,
> criador do céu e da terra.
> Eu te bendigo, te louvo, te exalto
> e em ti salto de alegria
> imerso na tua imensa grandeza.
> Voando nas asas do vento
> levado pelas nuvens, teu carro,
> desdobras os céus como uma tenda.
> Moras nos céus.
> Do alto orvalhas e bendizes a terra.
> Teus mensageiros são os ventos,
> teus servidores os relâmpagos
> e tua voz o murmúrio do trovão.
> Tornas estável a terra,
> sólida e fecunda
> no decorrer dos séculos.
> Adornas os abismos do mar
> com flores enobreces as montanhas,
> fazes gorgolar os riachos
> e correr majestosos rios
> no meio de florestas verdejantes.

Robustas, sem número,
crescem as árvores
orgulhosas por proteger
entre suas frondes
pássaros e micos, leopardos e babuínos,
como nos tempos do Éden primordial.
Do alto dos teus céus
dessedentas as colinas
e o mundo se cobre de flores e de frutos.
A partir da terra o homem produz o pão
e o vinho para alegrar o seu coração.
Louvam o Senhor
as árvores da floresta:
lá o pássaro encontra o seu ninho
e a cegonha a sua casa, entre os ciprestes.
Com toda a criação canto a ti, Senhor,
dançando contigo
toda a minha vida.

Entrada da criação na teologia moderna

Ao inaugurar o Concílio ecumênico Vaticano II, João XXIII estava consciente de provocar uma virada na história da humanidade. Escancarava as janelas da Igreja para o mundo, para convidar os católicos a viver uma nova primavera do espírito e considerar a Igreja não como um museu, mas como a fonte da aldeia da qual brota sempre água nova. Os romanos tinham percebido essa novidade e tinham improvisado, na primeira noite do Concílio, uma procissão com velas na Praça São Pedro, esperando que os seus cânticos e as suas vozes chegassem, como agradecimento, aos ouvidos do Papa.

O rígido protocolo vaticano não permitia que o pontífice abrisse a janela fora dos "horários canônicos" das festas solenes.

E o próprio João XXIII não achava oportuno mostrar-se. Talvez pensasse ter já exagerado dando visibilidade a uma Igreja "triunfante", com todos aqueles bispos vindos de toda parte do mundo.

O secretário Loris Capovilla foi convidar o Papa para ceder, nem que fosse à curiosidade de ver tantas tochas belas na praça. Sim, o Papa estava curioso, e disse: "Posso vê-los sem ser visto". Mas quando se apercebe de quão grande e festiva era a multidão dos fiéis debaixo da sua janela, não hesitou em dizer: "Loris, Loris, dá-me a estola". A janela foi escancarada e teve início o primeiro discurso que, seja como método, seja como conteúdo, mudou o aspecto da teologia: "Queridos filhos, ouço a vossa voz...".

Quem não se lembra daquele discurso? Nele, céu e terra se amalgamaram numa envolvente ternura que extasiava os romanos e arrancava não poucas lágrimas: "Ao irdes para casa, fazei carinho aos vossos filhos e dizei: é o carinho do Papa". Mas antes de pronunciar essa frase, invocou também a lua, que, lá em cima no céu, também participava da grande alegria por aquela Igreja que decidira abrir-se para o mundo, purificar-se, dialogar com todos os crentes de todas as religiões.

Desde então a criação fez a sua irrupção na teologia. Também graças a uma decisão corajosa de João XXIII, Bernhard Häring foi encarregado de fazer parte da comissão para o decreto da Igreja no mundo de hoje e, depois, foi encarregado de redigir o prólogo desse documento:

> As alegrias e as esperanças, as tristezas e as angústias dos homens de hoje, sobretudo dos pobres e de todos aqueles que sofrem, são também as alegrias e as esperanças, as tristezas e as angústias dos discípulos de Cristo; e não há realidade alguma verdadeiramente humana que não encontre eco no seu coração. [...]

Esse documento mudou a história. Trata-se da *Gaudium et Spes*. Nele se respira a teologia do grande teólogo e paleontólogo jesuíta Teilhard de Chardin, cujas obras foram julgadas suspeitas de heresia em 1959 e, no entanto..., canonizadas em 1963. Infelizmente, nesse meio tempo o grande escritor tinha morrido sozinho, em semiexílio, na China. Häring recuperou-o e reavaliou-o, sobretudo nas suas três obras principais que agora animam a espiritualidade da criação: *Ambiente divino, Fenômeno humano* e *Hino do universo*.

O espírito e a natureza fazem coro junto

Paulo VI defendeu incansavelmente as diretrizes do Concílio Vaticano II e sobretudo nas homilias que escrevia de próprio punho se podia notar a inspiração, também poética, da teologia da criação. Cito um só exemplo, uma homilia de Natal:

> Vós não esperais de nós hoje outra saudação do que a mensagem: feliz Natal! O acontecimento que hoje comemoramos e festejamos tem em si mesmo tal significado, tal virtude, que vale para todos como anúncio compreensível a todos, agradável a todos. É o anúncio que faz brotar nos corações os sentimentos humanos mais simples e primitivos, e ao mesmo tempo mais profundos e mais inefáveis: os sentimentos da bondade, do amor, da felicidade e da paz. Nunca como no Natal o homem tem consciência de si, da sua natureza, da sua vida. É a hora da verdade humana. Não sem motivo o menino, a mãe, a família têm os primeiros lugares nesta humaníssima festa. A sua casa, a sua mesa, a sua terra, o seu costume enchem as almas com a sua doce intimidade. É uma hora de contemplação natural: o Natal, para quem não sabe apreciar a sua autêntica doçura, revela o mundo interior do homem, comumente ensurdecido e adormecido, desperta-o

e o faz ousar um canto espontâneo, o qual – singular e belíssimo fenômeno – concorda em comovente harmonia e concerto das vozes humildes e familiares com aquelas vozes cósmicas e distantes, que chegam a ele do mundo exterior. *O espírito e a natureza fazem coro junto.* É a celebração do humanismo mais verdadeiro e mais belo, que chegou à expressão da sua consciente maturidade.

Homem, guarda da criação

A entrada da criação na teologia, na oração e nos encontros ecumênicos foi favorecida por um renovado gosto pela Palavra de Deus e por um estudo seu sempre mais rigoroso. Gosto pela Palavra que traz à luz trechos às vezes não demasiado valorizados no passado. Trechos de inaudita beleza, que tornam a oração poesia, convidando toda a criação para o louvor ao Senhor.

Segundo o Livro do Gênesis, a criação não é obra do acaso nem da necessidade. Ela é fruto da vontade de Deus, que criou o mundo por amor e na liberdade. Afirmando que a terra é uma criatura querida por Deus e que pertence a ele – é dada ao ser humano apenas para guardá-la como dom confiado à sua responsabilidade –, configuram-se dois papéis precisos: de um lado está Deus, que exerce a ação criadora; do outro está a criatura humana, chamada à responsabilidade de guardadora. Com efeito, "o Senhor Deus tomou o homem e o colocou no jardim de Éden para o cultivar e guardar" (Gn 2,15). Certamente, nessa colocação terrena o ser humano tem as suas exigências, as suas necessidades e as suas aspirações. O próprio Deus reconhece à sua criatura predileta algumas prerrogativas, como a de dar um nome aos animais e às plantas, e de tirar alimento dos recursos que a terra possui e oferece.

Tais aspirações e prerrogativas não podem levar a criatura racional a exercer o seu domínio sobre a criação em forma de tirania.

O homem é, e permanece, um guarda que recebeu talentos, potencialidades. Um dia será chamado a prestar contas das suas ações.

Se passarmos de uma visão veterotestamentária, na qual Deus, sobretudo nos salmos, é louvado pela sua obra criadora, para uma leitura neotestamentária, na qual a criação é querida por Deus através do Filho e no poder do Espírito Santo, podemos compreender com mais facilidade os limites e os deveres que o ser humano tem para com a criação. A terra e tudo o que ela contém não foi dada ao homem com a permissão de usá-la indiscriminadamente, a ponto de danificá-la ou destruí-la, mas foi desejada e chamada à vida em vista de Jesus Cristo (cf. Cl 1,16), que é o Princípio e o Fim, o Alfa e o Ômega da criação (cf. Ap 22,13). O Espírito do Senhor enche o universo (cf. Sb 1,7; Sl 139[138],7-8; Jr 23,24) e chama cada ser humano a descobrir que tudo tende para o Um (*uni-verso*) e tudo canta os louvores do Senhor.

Beleza e Providência

A Bíblia nos diz que a criação é obra das mãos de Deus, ou antes, é esculpida com os dedos do Criador, segundo o Sl 8. A Palavra nos permite fundamentar a espiritualidade e a teologia da criação através do caminho da beleza e da Providência.

Beleza. Os livros da Sabedoria e dos Salmos nos dizem que a beleza e a grandeza da criação nos deveriam abrir para a Beleza infinita, para a Grandeza sem limites. O aspecto estético é apresentado como meio para opor-se aos que se aproximam da criação com uma mentalidade unicamente utilitarista e com desejo apenas de dominar o mundo. No primeiro capítulo do Livro do Gênesis, o ser humano é chamado a "dominar" o mundo com o mesmo critério com o qual o rei é chamado a governar as criaturas, ou seja, recorrendo àquela responsabilidade que implica o exercício do direito e da justiça.

Providência. Deus se serve das criaturas do mundo para satisfazer as necessidades dos seres humanos. Ele é Pai providente. Todo o Antigo Testamento fala disso e também Jesus o acentua, quando convida os discípulos a não se preocuparem com o que comerão e com o que vestirão. O Pai sabe do que precisam. Por isso eles não devem levar nada consigo, na consciência de que, dedicando-se a construir a verdadeira fraternidade, descobrirão que Deus é um Pai que não deixa faltar a eles os bens essenciais à vida de cada dia.

A criação é aliada de Deus, que ama a vida e os vivos. Esse é o sentido geral do Livro da Sabedoria, que, no capítulo quarto, enfrenta o tema do juízo final do Senhor em relação aos praticantes do mal, aos agentes da iniquidade, dos que atropelam o direito dos pobres. Quando Deus pronunciar o seu veredicto, toda a criação se colocará não do lado dos que abusaram e exploraram de modo ruim os dons da terra, ou a divinizaram (cf. Sb 13–15, capítulos relativos àqueles que adoraram o mundo), mas se erguerá em defesa do juízo divino.

Grave será o veredicto contra aqueles que, mesmo podendo reconhecer o Criador, preferiram divinizar as criaturas, explorando-as em vantagem própria. A criação, coisa boa em si mesma, não se erige em divindade, mas faz-se voz do Criador para castigar o abuso que os homens fizeram dela, em desvantagem dos pobres. Todo o capítulo quinto do Livro da Sabedoria é escrito em forma altamente poética. São belíssimas as reflexões sobre a natureza. Mas tudo isso não impede que o Autor sagrado passe da poesia para a profecia, cujo ápice é o versículo 17 (interessante também pelo fato que é a única vez em que aparece o termo "criação"): "Ele [Deus] [...] armará a criação para a vingança contra os inimigos".

—— Para uma teologia e espiritualidade da criação ——

*A porta-voz de um grupo de jovens em Anapu
exprime admiração por Dorothy.*

A ambiguidade do coração humano

Enquanto os Livros do Gênesis e da Sabedoria exaltam a beleza da criação e a providência daquele Deus que cuidou de cada criatura, previnem o crente contra uma ambiguidade presente no coração do ser humano, que, cansado dos dons de Deus, quer sempre algo mais. É emblemático o episódio relatado no Livro dos Números (cf. 11–12): o povo escolhido, nauseado com o maná, quer carne. É escravo do materialismo, pelo qual se revolta contra Deus e Moisés, porque quer aqueles bens materiais dos quais gozava no Egito no tempo da escravidão. Tem saudade das cadeias de uma terra estrangeira e não aprecia o pouco compartilhado com os irmãos que marcham para a terra prometida. Tem saudade da abundância de bens – sobretudo das famosas cebolas do Egito – na escravidão, e considera o caminho para a liberdade como um tempo maldito, por causa das privações impostas pelo deserto.

Comete uma série de erros e de injustiças e provoca Deus por causa de uma mentalidade utilitarista, míope e materialista. Aquela criação que pode ser dom para todos torna-se lugar de abuso, no qual o irmão priva o irmão de bens essenciais a ele para sobreviver, e assim se torna vítima da "execrável fome de ouro".

É interessante observar que a tentação do materialismo no povo eleito é de tal modo forte que coloca em crise até Moisés. Este não se assusta diante do pecado de idolatria. Racha as tábuas da lei no bezerro de ouro. Mas diante do pedido de carne e de coisas materiais fica de tal modo desorientado e confuso que pede a Deus que o deixe morrer. "Se encontrei graça aos teus olhos, manda-me a morte."

Portanto, a criação, bela e provida, deve ajustar as contas com a ambiguidade do coração humano e com a situação que era lúdica no plano eterno, mas se torna importuna pelo pecado: o trabalho.

A terra é confiada ao trabalho humano, que deve servir à integridade do mundo e à honra de Deus. Através do trabalho, a humanidade deve cultivar a terra e louvar o Criador. Tal aspecto positivo é deformado pela contínua tentação da idolatria. Tentação de divinização e de adoração da terra.

Estamos de novo diante de outra ambiguidade: por um lado, o trabalho é expressão da importância e da responsabilidade do homem chamado a fazer da sua obra uma liturgia, um culto ao Criador. Por outro lado, pode tornar-se um caminho de perversão, quando exatamente o ser humano usa a obra das suas mãos como meio para elevar a própria terra a ídolo pessoal. Neste caso, a criatura racional rejeita a ideia de ser feita à imagem de Deus. Não se serve da criação para chegar a ele, mas abandona-se a uma atividade em que o trabalho eleva-se a ídolo, tendo em vista a posse de bens a usufruir, independentemente da necessidade dos outros. Peca gravemente em impedir que a terra seja o lugar do sustento comum e o meio de elevação, de transcendência, de passagem da criação ao Criador.

Um coração reeducado pela dor

Diante do egoísmo das suas criaturas, o Senhor não se resigna, mas recorre ao castigo e ao sofrimento, para corrigir e reeducar o seu povo. Não suporta que a sua criatura divinize o trabalho das suas mãos e o adore. No Livro da Sabedoria, sobretudo nos capítulos 12 a 15, é dito que "Deus odeia a idolatria e a sua obra". Por isso o mundo divinizado será aniquilado, a fim de que o ser humano compreenda que todos os bens da terra devem ser igualmente usufruídos por todo ser vivo.

Para aprofundar este tema, pode servir o que é narrado acerca do dilúvio universal: "Toda criatura estava pervertida". É a própria criação que, por causa do pecado, falha em seu objetivo, que é ser submetida a um homem que reconheça o primado de Deus. Quando a ordem original é perturbada pelo mal – o que pode ser resumido na exploração da beleza para os fins de um prazer desmedido e no recurso à violência –, "Deus se arrepende de ter criado o homem" e decreta o fim não só "de toda carne", mas também do mundo. Depois... se arrepende de ter decidido exterminar a humanidade. Salva a semente do homem em Noé e na sua família e põe um arco no céu. Decide que não fará mais guerra ao mundo.

É bom observar que decide "não amaldiçoar mais a terra". Em si, portanto, terminou aquela "maldição" original dirigida a Adão por causa do pecado original. Começa o tempo da consolação, representada pelo fato de Noé plantar a videira e beber do seu vinho, "consolação para o coração do homem".

Além de no Livro da Sabedoria, essas ideias se encontram também no Livro do Eclesiástico, o qual afirma que a criação pode ser o lugar dos contrários: toda realidade é própria e deve deixar viver aquela que é diferente dela. "Nenhuma delas embaraça a sua vizinha" (Eclo 16,28). O que Deus faz é bom, tem valor em si. Tudo deve conviver, valorizando as diferenças: a luz e as trevas. Tudo tem uma função. Tudo tem o seu nome.

Criados para a vida, uma vida em abundância

Ainda no Livro do Eclesiástico, é dito que "desde o princípio as coisas boas foram criadas para os bons" (39,30[25]). É uma referência aos dois primeiros capítulos do Gênesis: Deus permite que o ser humano coma de todos os frutos da terra. Mas no Éden há a árvore da vida, que é dada ao ser humano quando se deixa instruir por Deus. Contudo, quando se afasta dele, quando o homem quer decidir sozinho o que é bom e o que é mau, vai ao encontro da morte.

Note-se que Deus não quer a morte. Criou-nos para a vida. Não é invejoso. Antes, na sua generosidade, quer que os vivos usufruam todos os bens. Também Cristo dirá: "Vim ao mundo para que todos tenham vida, e a tenham em abundância".

Tudo o que existe é para a humanidade toda, chamada a gozar do mundo. Gozo que provoca a inveja do diabo: "É verdade que Deus vos proibiu de comer de todas as árvores?". Trata-se de uma religião do tabu, do proibido. Religião que evita o mundo e o despreza. A verdade, porém, está no fato de que tudo deve ser usufruído pelos vivos, enquanto Deus reserva para si apenas a árvore do conhecimento do bem e do mal, dom comunicado a nós, em vista do bem de todos.

Essas ideias estão sintetizadas na teologia de Paulo na Primeira Carta aos Coríntios: "Tudo é vosso. Mas vós sois de Cristo e Cristo é de Deus". A criação, na sua inteireza, é de cada ser humano que aspira a perder-se no Todo, no momento privilegiado em que "Deus será tudo em todos". Este é o fundamento da destinação universal dos bens da criação. Esta deve ser tratada de modo tal que cada um possa gozar da vida e, como diz Cristo, usufruí-la em abundância.

Para salvar a semente do homem na terra

Nos últimos cinquenta anos, os exegetas iniciaram um novo modo de ler a Bíblia, com relação ao tema da criação. Quando começou a era espacial, o primeiro capítulo do Gênesis e o Sl 8 foram utilizados para afirmar o domínio do homem sobre a criação. Percebeu-se depressa que os textos bíblicos não justificavam um uso indiscriminado da terra – cujo domínio seria comparável a uma tirania ou a um despotismo –, mas um domínio ligado a uma responsabilidade para com a geração presente e as futuras.

A situação atual leva os teólogos a estarem sempre mais atentos aos dados bíblicos, expressos, sobretudo, nos primeiros capítulos do Gênesis, desde o momento em que formos conscientes dos abusos e dos danos que o ser humano pode fazer à criação. Nós temos a possibilidade de colocar em perigo a própria vida na terra. Portanto, uma leitura crítica mais atenta da Bíblia, embora deixando intata a ideia da superioridade do ser humano na terra – devido à sua transcendência e realeza –, sublinha o seu aspecto de criatura: é uma das muitas criaturas das quais Deus cuida. Ele está atento a tudo e tem uma dedicação pessoal por cada ser vivo. Sobretudo o Sl 104 afirma isto: "Abres a tua mão e dás a comida a todo ser vivo". Aquele Deus, que dirige o olhar "a tudo o que respira" faz com que a vida se apresente como um fenômeno divino, onde quer que haja vida.

Interessante foi a valorização do Livro de Jó como estímulo para pôr em discussão a presunção do homem de poder usar a criação para seu agrado. Do capítulo 38 em diante vemos Deus interrogando o ser humano: "Onde estavas quando fixei os limites do mar? Onde estavas, quando lancei os fundamentos da terra?". Desafios que nos fazem entender que o mundo pode existir também sem o homem. Existiu independentemente do ser, do saber e do poder do homem, enquanto, *de per si*, é feito para a glória do Senhor: "Os céus narram a glória de Deus, e o firmamento anuncia a obra de suas mãos" (Sl 19,2).

Portanto, diante da exigência do progresso da ciência e da técnica, a Palavra de Deus é interpretada de modo a levar a refletir sobre a necessidade de uma relação responsável para com uma "criação delicada", que obriga o homem a interrogar-se sobre a sua *hybris*, a arrogância e a presunção de ser o senhor indiscutido do universo.

Somos chamados a dar-nos conta que no mundo há o mal, o pecado e a constante tentação de divinizar a terra. Imagem recorrente, velada pela acusação que a Bíblia lança ao baalismo (Baal, que significa "dono, senhor", é o deus da fecundidade, adorado em muitos lugares, com ritos orgiásticos que incluem a prostituição sagrada). A terra, dada a nós para guardá-la, está submetida ao "príncipe deste mundo". É habitada pelos espíritos do mal e, de certo modo, parece irredimível porque é presa da corrupção, da impureza e do egoísmo. Nesse contexto, o "justo" deve esperar simplesmente "novos céus e nova terra". A manifestação final de Deus (teofania) levará ao "enrolamento" e à queima do mundo velho, para que possa surgir o mundo novo.

—— Para uma teologia e espiritualidade da criação ——

Trabalhador rural com os seus filhos, no assentamento de Boa Esperança.

Essa visão apocalíptica, típica do Antigo Testamento, é compartilhada por Cristo? Provavelmente não, na medida em que os milagres que ele realiza têm exatamente o objetivo de afirmar a soberania de Deus neste mundo e sobre este mundo. Em particular, todos os exorcismos visam a demonstrar que o Senhor não quer que no mundo o mal prevaleça sobre o bem e que o homem seja vítima do "demônio": realidade distinta do "diabo". Este é o "separador", ao passo que o demônio é um bloco psicológico que indica tudo o que impede uma pessoa de reconhecer Cristo como Senhor, aceitá-lo como Deus, amá-lo em si e nas criaturas vivas.

O apóstolo João, que não fala de exorcismos, acentua essas ideias, afirmando que "o príncipe deste mundo é lançado fora" e, uma vez que Cristo for elevado na cruz, "atrairá tudo (*tà pànta*) a si". Atrairá a si a totalidade dos seres, toda a criação.

Em Jesus – com a sua encarnação, vida e milagres – o mundo reencontra a sua destinação original, é libertado da alienação. É o que afirma também São Paulo na Carta aos Romanos: "A criação geme como nas dores do parto e espera a libertação dos filhos de Deus" (cf. Rm 8,22). O apóstolo Paulo, aqui, por um lado reconhece a realidade e a força da presente dor: na mentalidade judaica, o parto é a expressão máxima do sofrimento. Mas as "dores de parto da criação" são sofrimentos que anunciam, preparam para a vida. Através da seriedade e da gravidade da dor se prepara aquele evento grandioso que é a recapitulação de todos e de tudo em Cristo. Mas antes de ter o olhar apontado para a redenção final do cosmo, Jesus mostra a sua preocupação pelos seres humanos, que têm direito de gozar, nesta vida, aqueles bens preparados para eles desde a eternidade.

A dimensão cosmológica da ressurreição

Através de Cristo a criação é o lugar onde se manifesta a paternidade de Deus e a sua realeza: ele é o Senhor de tudo. Senhor desta criação, que é bela e descrita com entusiasmo no Sermão da Montanha: "Olhai os lírios do campo... Olhai os pássaros do ar..." (cf. Lc 12,22-32). É uma criação da qual ele mesmo, Cristo, quis gozar, a tal ponto que foi considerado um comilão e um beberrão, em oposição ao ascético João Batista, que se refugia no deserto. Jesus, ao contrário, percorre cidades e aldeias, ultrapassando o pecado e a corrupção de Israel: ele visa a proclamar que o Reino de Deus já está aqui, nesta terra, terra destinada a ser mãe de todos.

Essa positividade extrema da presença de Cristo no mundo leva a Igreja a ver na ressurreição uma dimensão também cosmológica: "Todo joelho se dobre diante dele e toda língua proclame que ele é o Senhor". Certamente, os seres humanos devem reconhecer o Ressuscitado como o Senhor, mas também toda a criação deve adorar aquele que "recebeu um nome acima de todo nome" (cf. Fl 2,9-11). Ele que tem uma dimensão universal, como está bem explicado na Carta aos Colossenses: "[...] tudo foi criado por ele e para ele" (1,16).

Em síntese, Jesus faz poucas afirmações sobre a criação, mas decisivas. Afirma que ela não está sob o reinado do mal, de Satanás, mas de Deus. Ele veio ao mundo não só para libertar a humanidade, mas também a terra, que, sendo propriedade de Deus, é o lugar da sua paternidade, realeza e providência. Portanto, nela se deve exercer a "fraternidade", ou seja, como obrigação a agir de modo tal que a terra volte a ser idealmente o "jardim de Deus", o Éden no qual se realiza o plano original de uma criação *tov*, bela e boa. Portanto, lugar privilegiado para experimentar e degustar a presença do divino.

Aqui, nesta terra, deve manifestar-se "a graça e a verdade", como está admiravelmente cantado no prólogo do Evangelho de João, tido com justiça como o mais alto hino elevado à encarnação do Filho de Deus, considerado como a mais bela flor da criação.

Ele, que arma a sua tenda não só no meio de nós, mas dentro de cada um de nós, para tornar-nos como ele, filhos no Filho e irmãos, orgulhosos de sermos "criados um pouco menos que um deus, coroados de glória e de honra":

> Javé, Senhor nosso,
> quão admirável é o teu nome em toda a terra!
> Quero elevar acima dos céus a tua magnificência...
> Ao homem destes poder sobre as obras das tuas mãos,
> tudo puseste debaixo dos seus pés:
> ovelhas e bois, todos eles,
> e as feras do campo também.
>
> (cf. Sl 8)

Encontramos essas ideias, expressas de maneira poética, numa homilia do Bispo Tonino Bello, que sonha com uma humanidade que, tendo chegado à plenitude dos tempos, inundada pelo Espírito Santo, esteja em condições de gozar de um novo Pentecostes, como providente renovação da face da terra.

> Caríssimos amigos, também no que diz respeito à paz, chegou a plenitude dos tempos.
> E como na plenitude dos tempos Jesus, nossa paz, nos revelou a paternidade de Deus, nossa justiça, e nos revelou também o Espírito, que é Senhor e dá a vida a toda criatura, assim hoje temos o privilégio de compreender que o anúncio da paz se completa, tanto com a luta pela justiça como com o compromisso para a salvaguarda da criação. A tutela do ambiente não é a última descoberta da nossa astúcia rabugenta ou das nossas estratégias do consenso. Não é uma piscadela às modas correntes. Mas é uma tarefa primordial que cabe a nós como parceiros do Espírito

Santo, a fim de que a terra passe do *Caos*, ou seja, do bocejo de tédio e de morte, ao *Cosmo*, ou seja, à situação de transparência e de graça.

Daqui a oito dias celebraremos a Festa de Pentecostes e repetiremos a invocação: "Envia o teu Espírito, Senhor, e tudo será criado, e renovarás a face da terra".

A face da terra. A crosta terrestre. A pele desta nossa terra, deturpada pelas poluições, envelhecida pelas nossas manipulações, violentada pela nossa voracidade.

Pois bem, essa pele se renovará como a pele de um adolescente. E se realizará a esplêndida intuição de Isaías, que, invertendo até a sua ordem, tinha ligado entre si salvaguarda da criação, justiça e paz: "Será derramado sobre nós o Espírito do alto. Então o deserto se transformará em jardim... e a justiça morará no jardim, e o fruto da justiça será a paz" (cf. Is 32,15-17). O deserto, portanto, se tornará um jardim. No jardim crescerá a árvore da justiça. O fruto dessa árvore será a paz!

Cabe perguntar: é possível que essa visão trinitária da paz, tão firmemente alicerçada nas bases da Sagrada Escritura, tenha tanta dificuldade de difundir-se até nas nossas Igrejas?

A resposta é simples: se só agora passamos do monoteísmo absoluto da paz para o monoteísmo trinitário, é porque chegamos de fato à plenitude dos tempos.

O direito sagrado a uma vida melhor

Dorothy vive

"Quem manda na minha vida é Deus. Sou seu servo. O resto é resto." Erwin Kräutler, bispo da Prelazia do Xingu, explica assim a determinação com que se empenha em levar avante o testemunho de Dorothy Stang em defesa da floresta pluvial e dos povos que a habitam. Desde os 45 anos no Brasil, presidente do Conselho Indigenista Missionário (Cimi), este bispo é uma voz autorizada de uma Igreja e de uma terra que deu ao mundo uma estupenda freira heroicamente comprometida a favor dos camponeses brasileiros, vexada pelos latifundiários sem escrúpulos.

Kräutler ficou fascinado por Dorothy, pela sua indômita coragem na defesa dos últimos, dos paupérrimos, apavorados camponeses, pela sua determinação de salvar os incomparáveis recursos e belezas naturais da Amazônia. E colocou-se nas suas pegadas, disposto a correr os mesmos riscos que a levaram ao martírio.

A América Latina dá-nos bispos excepcionais no seu heroísmo e na doação total ao povo ao qual humildemente servem. Vivem em casas dignamente pobres. Sujeitam-se a longuíssimas viagens extenuantes para encontrar pequenas comunidades cristãs. Muitas vezes se apresentam sem nenhum sinal de seu ministério episcopal.

Sorriem quando são prevenidos contra os riscos que correm. "O que queres que aconteça, Valentino?", confidenciava-me um bispo brasileiro. "Sou afortunado em relação a outros colegas meus: só duas vezes jogaram algumas bombas na minha casa."

Dom Kräutler sabe que corre o risco de terminar a sua vida como Dorothy Stang, mas não se arrepende, convencido que está de que obedecer ao Senhor vem antes da sua própria vida.

Relato a seguir a síntese de uma interessante entrevista que ele deu, no início de 2009, a Alessandro Aremato e publicada em *Mondo e Missione*:

Dom Kräutler, qual é a situação hoje na sua prelazia?
É uma situação difícil. A prelazia se encontra no coração da Amazônia e nos últimos anos o desmatamento e os incêndios aumentaram de modo escandaloso. Tomamos posição contra os projetos megalomaníacos do governo, que acabam sacrificando o ambiente. Colocamo-nos claramente do lado dos povos indígenas. Defendemos a sua cultura, os seus direitos à terra, o seu modo de ser. E isto gera, entre os latifundiários e as grandes empresas mineradoras, uma hostilidade e uma inimizade fortíssimas.

Por isso vive sob escolta...
Tenho sido ameaçado de morte várias vezes, e agora, na diocese, estou sob a proteção especial da polícia vinte e quatro horas por dia. Não tenho mais um momento de intimidade. Só em minha casa. As ameaças não param nunca. Algumas vezes são mais fortes, outras, menos; algumas são diretas, outras indiretas. Os madeireiros não usam meios-termos: "Se o senhor continuar a falar, corre perigo", dizem. Recorrem também aos jornais para destruir o bom nome do bispo. Disseram de mim que sou

———— O direito sagrado a uma vida melhor ————

Dorothy e Padre Amaro estão para deixar a comunidade do centro de São Rafael.

contra o progresso, que quero engessar a Amazônia. Chegaram até a ponto de aconselhar-me a deixar o sacerdócio. Através de cartas e da internet marcam o dia da minha morte.

Uma verdadeira máfia.
Sim, uma máfia à qual a Amazônia não interessa. O importante para essas pessoas é apenas enriquecer de um dia para o outro. Querem investir o mínimo possível para obter os lucros mais fabulosos. Não respeitam nada nem ninguém. Passam até sobre os cadáveres. Mataram pessoas dignas de honra como Irmã Dorothy Stang e outro

leigo comprometido. Irmã Dorothy também recebia ameaças. Por isso o governo decidiu proteger-me. Não quer que se repita outro caso parecido.

O senhor combate o projeto das represas no rio Xingu para suprir a crescente necessidade energética do País...
O Xingu é um dos rios mais importantes da Amazônia. Tem uma extensão de mais de 2 mil quilômetros e banha o maior conjunto de reservas indígenas e ambientais do País. Este projeto hidroelétrico sacrificará o rio. O governo diz que o curso de água não sofrerá dano, mas não é verdade. Com uma represa só, o rio não está em condições de fazer as turbinas funcionarem durante todo o ano. É necessário construir quatro ou cinco represas, e isto significa que todo o rio será sacrificado. E, depois, para que e para quem é a energia elétrica? Não é para nós do Xingu. É para as grandes multinacionais. A nossa energia é a mais cara da América Latina. É um escândalo.

Em nome de qual ideia se opõe a esses projetos?
Defendo a Amazônia como *habitat*, como terra dos povos indígenas, mas também de todos aqueles que vieram nestes últimos anos. No Brasil, houve correntes migratórias muito fortes do Sul, do Sudeste e do Nordeste para o Norte. A nossa missão não pode ser apenas espiritual. Devemos ir ao encontro da pessoa integralmente. Salvar a pessoa é salvar o povo, salvar os indígenas, a sua cultura, o seu direito ao território. Os habitantes da Amazônia têm o direito de não viver, dentro de poucos anos, num deserto. Estou muito preocupado com os jovens. Em diversas áreas do Xingu já se vê a desertificação. Se não for feito um reflorestamento em larga escala, não sei o

que acontecerá. Temo que se torne inabitável. A Amazônia precisa de outro modelo de desenvolvimento, que a respeite. A floresta em pé vale mais do que a floresta derrubada e queimada.

Na frente eclesial, quais são as prioridades na sua diocese?
No topo da lista estão as Comunidades Eclesiais de Base. Na nossa diocese há vinte e seis sacerdotes para meio milhão de pessoas. O bispo e os sacerdotes são peregrinos, que se deslocam continuamente de comunidade em comunidade. Eu fico na sede da diocese três meses no ano, o resto do tempo passo movendo-me de uma parte para outra. A coordenação das nossas numerosas comunidades, mais de oitocentas, toca aos leigos. Investimos muito na formação do laicato. Queremos formar líderes que, em virtude do Batismo e da Crisma, assumam uma função na Igreja. A maior parte dos coordenadores das comunidades, mais de dois terços, são mulheres; sabem ler melhor e são mais afetuosas. Insistimos muito também na espiritualidade e na mística. As pessoas não aguentam a situação atual sem uma motivação evangélica forte, sem uma mística não superficial, sem a consciência de dever seguir Cristo radicalmente.

O senhor fala também de ecologia?
A ecologia é um aspecto importante. Estamos ao lado dos que são a favor da salvação e da redenção que vem pela criação. Não podemos crer em Deus Pai, criador do céu e da terra, se não fizermos nada para defender esse céu e essa terra. "Ecologia", em grego, significa ciência do lar. Para nós, o Xingu e a Amazônia são o lar de muitos povos, que defendemos em nome de Deus.

Que relação o senhor tem com os outros bispos brasileiros?
Os bispos sempre me apoiaram. Quando sofro ameaças, manifestam solidariedade. Escolheram-me inclusive para dirigir o retiro espiritual da última assembleia. Não teriam nunca confiado essa tarefa a alguém a quem se opõem.

O senhor crê que a Igreja latino-americana está suficientemente comprometida com a ecologia e os direitos humanos?
De Aparecida veio um forte impulso neste sentido. Falou-se das minorias, dos indígenas, dos afrodescendentes. Falou-se muito da ecologia e também da Amazônia. No papel, tudo é excelente. Mas agora devemos empenhar-nos em viver essas palavras. Não podemos separar a fé da vida. Não podemos separar a religião da situação das pessoas. Os que vêm à Igreja aos domingos são os mesmos que estão fora. As mesmas pessoas, com as suas angústias, os seus anseios. Devemos dar uma resposta aos problemas em nome do Evangelho. Não em nome de alguma ideologia. Creio que é possível. A vida e a fé não são um par de sapatos diferentes.

Aqui, em 2005, morreu Dorothy Stang.
"Não fugirei nem abandonarei a luta destes camponeses que não têm proteção no meio da floresta. Eles têm o direito sagrado a uma vida melhor numa terra onde possam viver e produzir com dignidade sem devastar." Dorothy Stang viveu estas palavras até as extremas consequências. A sua vida missionária foi caracterizada pela defesa dos direitos dos camponeses sem-terra. O mandante ou o grupo de mandantes do seu assassinato são buscados entre os vários latifundiários que Irmã Dorothy "incomo-

dava". Seis anos depois da sua morte, porém, falta ainda um culpado preciso. Vitalmiro Bastos de Moura, um latifundiário que em primeira instância fora condenado a trinta anos como mandante do assassinato, foi recentemente absolvido. Tendo nascido em Dayton, em 1931, Dorothy Stang chegou ao Brasil em 1966. Desde os anos 1970 esteve ao lado dos trabalhadores rurais da região do Xingu, onde se dedicou a reduzir os conflitos ligados à terra e favorecer a criação de trabalho através de projetos de reflorestamento de áreas degradadas. Comprometeu-se intensamente também com os movimentos sociais do estado do Pará, tomando posição contra o desmatamento selvagem da Amazônia e permanecendo sempre ao lado dos trabalhadores rurais e dos operários da Transamazônica. Buscando sempre o diálogo e a paz, Irmã Dorothy defendeu com tenacidade uma reforma agrária justa.

Dorothy, ícone da *Caritas in Veritate*

Tenho a sensação de pisar uma terra santa, tingida pelo sangue de uma freira inocente. Terra que bebeu o sangue de quem fez da própria vida um dom "até o fim" (Jo 13,1). Terra da qual Deus ouve o sangue gritar por justiça (Gn 4,10), não por vingança. A justiça misericordiosa que tem compaixão do pobre, do excluído, de quem não tem voz nem vez.

Essas são palavras que mostram claramente com que sentimentos o Bispo Kräutler pisa na terra tornada santa pelo martírio da heroica irmã, que fez de toda a sua vida um dom.

O conceito de que a vida deve ser um dom é expresso muito bem na encíclica *Caritas in Veritate*. Visto que esse documento é essencial para a compreensão da teologia recente sobre a salvaguarda da criação, eu o sintetizo valendo-me, sobretudo, da contribuição do Arcebispo Giampaolo Crepaldi, ex-secretário do Pontifício Conselho Justiça e Paz e agora bispo de Trieste.

A encíclica de Bento XVI se baseia na intuição que *o receber precede o fazer*. Tudo é dom. Tudo deve ser gratuito. Nada pode ser possuído. Ou, noutras palavras, possui-se apenas o que se compartilha. Dessas premissas nasce a obrigação de trabalhar pela justiça, frutuosa apenas se "apoiada" pela caridade. Para alcançar esse ideal, o Papa propõe uma conversão. Estimula-nos a ver a economia e o trabalho, a família e a comunidade, a lei natural posta em nós e a criação colocada diante de nós e para nós, como um chamado a um assumir solidário de responsabilidades pelo bem comum.

Se os bens são apenas bens, se a economia é apenas economia, se estar junto significa apenas estar "perto", se o trabalho é apenas produção e o progresso apenas crescimento..., se nada "chama" tudo isso a ser mais e se tudo isso não nos chama a ser mais, as relações sociais implodem sobre si mesmas. Se tudo é devido ao acaso ou à necessidade, o homem permanece surdo, nada na sua vida fala a ele ou se revela a ele. Mas, então, também a sociedade será apenas uma soma de indivíduos, não uma comunidade. Nós podemos produzir os motivos para estarmos perto, mas não podemos produzir os motivos para sermos irmãos.[1]

Para poder construir uma sociedade mais justa, que viva o princípio de que o receber precede o fazer, a *Caritas in Veritate* convida a aprofundar "a busca de sentido", tema tão discutido pelos teólogos morais dos nossos tempos: precisamos pôr-nos à escuta de um sentido que venha ao nosso encontro, expressão de um projeto sobre a humanidade do qual não dispomos. "O homem moderno" – afirma Crepaldi –

---

[1] Publicado em *Avvenire*, 7 de julho de 2009.

———— O direito sagrado a uma vida melhor ————

O lugar em que Dorothy e os seus assassinos estavam juntos um dia antes do assassinato.

tem dificuldade de ler nas coisas e em si mesmo significados não disponíveis a ele, a sentir-se, portanto, interpelado por uma palavra que suscita um compromisso e uma responsabilidade não arbitrários. A razão positivista transforma tudo num simples fato, que revela apenas a si mesmo. Toda ação se reduz à produção.

Bento XVI opõe-se a essa mentalidade ao afirmar que a verdade e o amor vêm ao nosso encontro e fazem com que as coisas e os outros revelem a nós um significado seu que não produzimos e, fazendo isso, nos indicam um quadro de deveres dentro dos quais inserir os direitos. Amor e verdade não podem ser construídos, planificados, pretendidos. São sempre um dom recebido e atestam um excesso do ser em relação com as nossas pretensões. O amor e a verdade motivam as nossas expectativas e as nossas esperanças e disciplinam as nossas necessidades:

> A sociedade precisa de elementos recebidos e não produzidos por nós, precisa ser convocada e não produzida com um contrato. A sociedade precisa de verdade e de amor. O Cristianismo é a religião da Verdade e do Amor. É a religião da verdade na caridade e da caridade na verdade. Cristo é a Sabedoria criadora e é o Amor redentor. A maior ajuda que a Igreja pode dar ao desenvolvimento é o anúncio de Cristo.

Crepaldi aprofunda essas afirmações com uma reflexão sobre o Cristianismo, que

> tem um direito seu de cidadania no âmbito público enquanto revela um projeto de verdade e de amor sobre a criação e sobre a sociedade, liberta-os da escravidão dos seus limites e das cadeias da autossuficiência. Assim fazendo, porém, o Cristianismo não se impõe desde fora, mas responde a uma espera da própria realidade. A fé responde a uma necessidade da própria razão, cujas forças tonifica enquanto lhes indica as próprias verdades.

Posto o princípio da precedência do receber sobre o fazer, Bento XVI não fala do ambiente, mas da criação, convidando-nos a passar da concepção de uma natureza como depósito de recursos materiais para a natureza vista como palavra criada. Afirma que a ecologia ambiental deve libertar-se de algumas hipotecas ideológicas que consistem em se descuidar da dignidade superior da pessoa humana e em considerar a natureza apenas materialistamente produzida pelo acaso ou pela necessidade. Tentações ideológicas hoje presentes em muitas versões do ecologismo. O compromisso pelo ambiente não será plenamente frutuoso se não for sistematicamente associado ao direito da pessoa humana à vida, primeiro elemento de uma ecologia humana que sirva de moldura de sentido para uma ecologia ambiental.

Outro tema novo da encíclica é o amplo tratado do problema da técnica desenvolvido no capítulo quarto. A ideia de fundo é que a crise das grandes ideologias políticas tenha deixado o campo para a nova ideologia da técnica ou, podemos dizer, para a "tecnicidade" como mentalidade. Trata-se do maior desafio para o princípio da precedência do receber sobre o fazer. A mentalidade exclusivamente técnica, realmente, reduz tudo a puro fazer. Para tanto ela se une perfeitamente com a cultura niilista e relativista, radicalmente contrária a um desenvolvimento autêntico.

Isso se baseia na utilização de recursos não apenas econômicos, mas também imateriais e culturais, de mentalidade e de vontade. Exige uma nova perspectiva sobre o homem que só o Deus que é verdade e amor pode dar. A verdade e o amor são gratuitos. Eles superam a simples dimensão da factibilidade. Toda a encíclica afirma que sem tal perspectiva o desenvolvimento humano se torna impossível.

"A referência contínua à verdade e ao amor" – conclui Crepaldi –

> infunde à *Caritas in Veritate* uma grande liberdade de pensamento com que a encíclica suprime todas as ideologias, que infelizmente pesam ainda no desenvolvimento.

137

A gratuidade da verdade e do amor conduz ao verdadeiro desenvolvimento também porque eliminam reducionismos e visões interesseiras. Deste ponto de vista, a encíclica tem o grande mérito de eliminar visões obsoletas, esquemas de análise superados, simplificações de problemas complexos.

O açambarcamento dos recursos por parte dos Estados e grupos poderosos

A "profecia" de Dorothy Stang – profecia a ser entendida como capacidade de falar de modo claro, direto, antecipando o que outros, depois, desenvolverão de modo sistemático – consiste na sua tomada de posição contra o monopólio dos recursos por parte dos latifundiários.

Esta ideia é magistralmente desenvolvida pela encíclica *Caritas in Veritate* (cf. n. 48-52). Nesses números se afirma que, para o crente, a natureza é um dom de Deus para ser usado de modo responsável. Em tal contexto, o Papa denuncia "o açambarcamento dos recursos por parte dos Estados e grupos de poder". Esse monopólio constitui "um grave empecilho para o desenvolvimento dos países pobres". Por isso "a comunidade internacional tem o imperioso dever de encontrar as vias institucionais para regular a exploração dos recursos não renováveis, com a participação também dos países pobres, de modo a planificar em conjunto o futuro". "As sociedades tecnicamente avançadas podem e devem diminuir o consumo energético", enquanto deve "avançar a pesquisa de energias alternativas" (cf. n. 49).

No fundo, exorta o Papa, "é necessária uma real mudança de mentalidade que nos induza a adotar novos estilos de vida". Um "estilo de vida que, em muitas partes do mundo, pende para o hedonismo e o consumismo". E prossegue: "[...] mas o problema decisivo é a solidez moral da sociedade em geral", advertindo que, "se não é respeitado o direito à vida e à morte natural, a consciência comum acaba por perder o conceito de ecologia humana e, com ele, o de ecologia ambiental" (cf. n. 51).

Na tentativa de salvar o ser humano e o seu ambiente vital, tanto para a presente geração como em vista das futuras, Dorothy sempre falou da relação "homem-criação" à luz do conceito de dom, pondo em evidência as nossas responsabilidades em relação com tudo o que recebemos do Criador. Responsabilidades que encontram uma resposta plena naqueles que têm uma fé no Deus transcendente, que se encarna em todo ser humano. E é esta a ideia desenvolvida em toda a teologia de Bento XVI, que pode ser resumida no conceito que com Deus entendo o homem, e com a ajuda de Deus o ser humano consegue vir em ajuda de todos os irmãos, como propunha Paulo VI na encíclica *Populorum Progressio*.

TERCEIRA PARTE

Dorothy Stang: a herança espiritual

A profecia de Dorothy Stang no diálogo ecumênico

Retomando os pontos salientes da vida e do pensamento de Dorothy Stang, demos a eles um fundamento teológico, valorizando os documentos das Igrejas cristãs publicados no início do Terceiro Milênio.

A heroica freira vive, de maneira profética e sem uma formação específica, valores que, sobretudo depois do seu martírio, são sempre mais evidenciados e considerados essenciais tanto para a salvaguarda da criação como para buscar uma plataforma comum sobre a qual construir o edifício do diálogo ecumênico.

Aqui serão sublinhados, de modo esquemático, os momentos importantes da vida de Dorothy e as poucas, incisivas, reflexões acrescentadas por nós, que se seguirão a trechos de documentos atuais em comprovação da validade das suas intuições. Consideraremos os horizontes abertos por Dorothy e o seu apelo a sermos responsáveis na transmissão às futuras gerações da criação, melhorada pela contribuição dada por cada pessoa para a salvação de "todo o homem, todos os homens" (Paulo VI).

Sobriedade aprendida em família

"O grande amor que nutro pela terra vem da minha família." Dorothy é firmemente consciente da necessidade de educar todos, continuamente, desde jovens, aos valores espirituais e morais, em particular à sobriedade.

"Uma nova sobriedade, para habitar a terra" é o tema da mensagem da Conferência Episcopal Italiana para a Terceira Jornada para a Salvaguarda da Criação, de 2008.

O planeta é a casa que nos é dada para que a habitemos responsavelmente, guardando a possibilidade de viver nela também para as próximas gerações. É um dever lembrado com força por Bento XVI na mensagem para o Dia Mundial da Paz de 2008: "Devemos cuidar do ambiente: ele foi confiado ao homem para que o guarde e o cultive com liberdade responsável, tendo como critério orientador o bem de todos". É um compromisso que nos remete a São Francisco de Assis e ao louvor por ele dirigido ao Criador pela "nossa irmã a mãe terra", que a todos sustenta.

Sabemos, porém, que hoje a terra está ameaçada por uma degradação ambiental em larga escala, na qual a exploração excessiva dos recursos fundamentais – a partir dos recursos energéticos – se entrelaça com várias formas de poluição. Muitas vezes tais dinâmicas atingem antes de tudo as pessoas mais necessitadas, que menos condições têm de se defender das suas consequências. Certamente, não é por acaso que numerosos conflitos que agitam as diversas áreas do planeta apresentam – em maior ou menor medida – um componente ambiental. Por isso a Terceira Assembleia Ecumênica Europeia, realizada em Sibiu em setembro de 2007, exprimiu preocupações pela criação de Deus, invocando "uma maior sensibilidade e respeito pela sua maravilhosa diversidade".

Dorothy com a cruz do jubileu.

Da questão ambiental surge uma tríplice exigência de justiça: para com as futuras gerações, para com os pobres, para com o mundo inteiro. Levanta-se um forte apelo às comunidades que reconhecem no Deus da Escritura a fonte de toda justiça: é um compromisso que devem enfrentar responsavelmente.

Tenhamos consciência de que tal situação depende de numerosos fatores históricos e culturais. Contudo, ela está indubitavelmente ligada a comportamentos e estilos de vida típicos dos países mais industrializados e que gradualmente estão se difundindo também em outras áreas. Trata-se da chamada "sociedade de consumo", expressão que indica um sistema econômico que, mais do que satisfazer necessidades vitais, visa a suscitar e incentivar o desejo de bens diversos e sempre novos. Muitos veem em tal dinâmica um sinal de bem-estar, que enriquece as existências daqueles que se beneficiam com ela. É inegável, porém, que o seu impacto ambiental torna-se insuportável para o planeta e para a humanidade que o habita, impondo um *re*-pensamento radical.

Para uma nova sobriedade

O desafio da sustentabilidade é complexo e interpela as instituições políticas e os sujeitos econômicos. Por isso queremos aqui deter-nos num aspecto que interessa a todos os cidadãos dos países mais industrializados: o de uma profunda renovação das nossas formas de consumo. Realmente, é preciso um novo estilo de sobriedade, capaz de conciliar uma boa qualidade da vida com redução do consumo ambiental, assegurando, assim, uma existência digna também aos mais pobres e às gerações futuras. É a chamada formulada pelo Santo Padre por ocasião da solenidade da Epifania de 2008: é preciso uma esperança grande que faça "preferir o bem comum de todos ao luxo de poucos e à miséria de muitos"; apenas "adotando um estilo de vida sóbrio, acompanhado de um sério compromisso por uma distribuição igual dos recursos, será possível instaurar uma ordem justa e sustentável".

Abre-se aqui um espaço importante para o compromisso das comunidades eclesiais. A dimensão educativa, que desde sempre caracteriza a ação dessas comunidades, deve hoje exprimir-se também na capacidade de formar para comportamentos sustentáveis. Trata-se, em particular, de reduzir aqueles consumos que não são realmente necessários e de aprender a satisfazer de modo racional as necessidades essenciais da vida individual e social. Nessa direção será possível valorizar de formas novas aquela tradição de essencialidade que caracteriza tantas comunidades religiosas, fazendo com que ela se torne prática cotidiana para todas as realidades cristãs. É também necessário promover uma atenção para todos aqueles artifícios para a redução do impacto ambiental, que são postos à disposição pela ciência e pela técnica, em campos como a mobilidade, o aquecimento e a iluminação. Em geral, é fundamental o cuidado por um uso eficiente da energia, como a valorização de fontes energéticas renováveis e limpas.

Uma renovação eficaz das práticas, pessoais, familiares e comunitárias não poderá ser realizada sem uma verdadeira "conversão ecológica", ou seja, sem um olhar renovado sobre as nossas existências e sobre os bens que as caracterizam. Tal dinâmica poderá encontrar alimento numa espiritualidade eucarística, capaz de promover a apreciação e a gratidão por tudo o que nos é dado, orientando a apreciar com sabedoria a densidade dos bens da criação, sem ceder à tentação que induz a querê-los sempre mais.

O inverso do consumismo: o lixo

Uma sobriedade inteligente poderá também contribuir para tornar menos oneroso o problema da gestão dos rejeitos, produzidos em quantidades crescentes pelas sociedades industrializadas. A emergência que há tempo aflige algumas áreas da Itália, por exemplo, demonstra, de fato, como é impossível falar de futuro sustentável quando desde já não se pode habitar serenamente a terra nem gozar das belezas dos seus dons porque ela está invadida por cúmulos de substâncias desagradáveis. O lixo não adequadamente gerido torna-se um veneno para a terra e para quem nela mora, ameaçando a existência de homens, mulheres e crianças, e pondo em risco as próprias modalidades de uma convivência social organizada. É uma responsabilidade que cabe diretamente às instituições, mas põe em jogo uma variedade de aspectos, e é preciso prestar atenção a eles num discernimento atento.

Um tratamento adequado do problema exige uma variedade de soluções. Nesse sentido, é fundamental que todas as escolhas sejam feitas com transparência e com a participação dos cidadãos e sejam geridas garantindo a plena legalidade, na consciência de que a salvaguarda da criação e do bem da comunidade social pode exigir a renúncia à defesa, chegando às últimas consequências da vantagem do indivíduo e do seu grupo. Uma política do lixo não pode ser eficaz se os próprios cidadãos não se tornarem protagonistas da sua gestão ativa, favorecendo a difusão de comportamentos corresponsáveis em todos os indivíduos envolvidos. Onde crescem relações harmoniosas e justas também a gestão dos recursos se torna ocasião de progresso e orienta para uma relação mais respeitosa e harmoniosa com a criação.

Que o Senhor da paz conceda verdadeiramente um bom futuro para a nossa Terra, despertando os corações para o sentido de responsabilidade, para que ela possa permanecer casa habitável para todos, espaço de vida para as gerações presentes e futuras.

* * *

A Bíblia, *magna charta* da salvaguarda da criação

Dorothy aprende a amar a Bíblia em família. Aprofunda-se nela na sua paróquia e no convento. Ela a estuda para preparar-se para o ensino religioso nas pequenas comunidades de base. Leva a Bíblia sempre consigo. Morre erguendo para o céu um exemplar da Bíblia, proclamada como sua única arma de defesa.

O *Compêndio da Doutrina Social da Igreja Católica*, de 2004, ensina-nos, no capítulo 10, quão importante é a Bíblia para animar o compromisso pela salvaguarda da criação:[1]

> A fé de Israel vive no tempo e no espaço deste mundo, visto não como um ambiente hostil ou um mal da qual libertar-se, mas frequentemente como o próprio dom de Deus, o lugar e o projeto que ele confia à responsável direção e operosidade do homem. A natureza, obra da criação divina, não é uma perigosa concorrente. Deus, que fez todas as coisas, viu que cada uma delas "[...] era coisa boa" (Gn 1,4.10.12.18.21.25). No vértice da sua criação, como "coisa muito boa" (Gn 1,31), o Criador coloca o homem. Só o homem e a mulher, entre todas as criaturas, foram queridos por Deus "a sua imagem" (Gn 1,27): a eles o Senhor confia a responsabilidade sobre toda a criação, a tarefa de tutelar a harmonia e o desenvolvimento (cf. Gn 1,26-30). O liame especial com Deus explica a privilegiada posição do casal humano na ordem da criação.
>
> *A relação do homem com o mundo é um elemento constitutivo da identidade humana. Trata-se de uma relação que nasce como fruto da relação, ainda mais profunda, do homem com Deus.* O Senhor quis o ser humano como seu interlocutor: somente no diálogo com Deus a criatura

---

[1] Trata-se da primeira parte do cap. 10, ou seja, números 451-455. Disponível em: <http://www.vatican.va/roman_curia/pontifical_councils/justpeace/documents/rc_pc_justpeace_doc_20060526_compendio-dott-soc_po.html>.

humana encontra a própria verdade, da qual extrai inspiração e normas para projetar a história no mundo, um *jardim* que Deus lhe deu para que seja cultivado e guardado (cf. Gn 2,15). Nem o pecado elimina tal tarefa, mesmo agravando com dor e sofrimento a nobreza do trabalho (cf. Gn 3,17-19).

A criação é sempre objeto do louvor na oração de Israel: "Como são numerosas, Senhor, tuas obras! Tudo fizeste com sabedoria" (Sl 104,24). A salvação é entendida como uma *nova criação*, que restabelece aquela harmonia e aquela potencialidade de crescimento que o pecado comprometeu: "Vou criar novo céu e nova terra" (Is 65,17) – diz o Senhor – "então, o deserto se mudará em vergel [...] e a justiça reinará no vergel [...] o meu povo habitará em mansão serena" (Is 32,15-18).

A salvação definitiva, que Deus oferece a toda a humanidade mediante o seu próprio Filho, não se atua fora deste mundo. Mesmo ferido pelo pecado, este é destinado a conhecer uma purificação radical (cf. 2Pd 3,10) da qual saíra renovado (cf. Is 65,17; 66,22; Ap 21,1), transformado finalmente no lugar onde "habitará a justiça" (cf. 2Pd 3,13).

No seu ministério público Jesus valoriza os elementos naturais. Da natureza ele é não só sábio intérprete nas imagens que dela costuma oferecer e nas parábolas, mas também Senhor (cf. o episódio da tempestade sedada, acalmada em Mt 14,22-33; Mc 6,45-52; Lc 8,22-25; Jo 6,16-21): o Senhor a coloca ao serviço de seu desígnio redentor. Ele chama os seus discípulos a contemplar as coisas, as estações e os homens com a confiança dos filhos que sabem não poder ser abandonados por um Pai providente (cf. Lc 11,11-13). *Longe de se tornar escravo das coisas, o discípulo de Cristo deve saber servir-se delas para criar partilha e fraternidade* (cf. Lc 16,9-13).

O ingresso de Jesus Cristo na história do mundo culmina na Páscoa, onde a mesma natureza participa do drama do Filho de Deus rejeitado e da vitória da Ressurreição (cf. Mt 27,45.51; 28,2). Atravessando a morte e nela inserindo a novidade resplendente da Ressurreição, Jesus inaugura um mundo novo no qual tudo é submetido a ele (cf 1Cor 15,20-28) e restabelece aquela relação de ordem e harmonia que o pecado havia destruído. [...] A natureza, que fora criada no Verbo, por meio do mesmo Verbo, feito carne, foi reconciliada com Deus e pacificada (cf. Cl 1,15-20).

Não apenas a interioridade do homem é sanada, mas toda a sua corporeidade é tocada pela força redentora de Cristo; a criação inteira toma parte na renovação que brota da Páscoa do Senhor, mesmo entre gemidos das dores do parto (cf. Rm 8, 19-23), à espera de dar à luz "um novo céu e uma nova terra" (Ap 21,1) que são o dom do fim dos tempos, da salvação acabada. Nesse meio tempo, nada é estranho a tal salvação: em qualquer condição de vida, o cristão é chamado a servir a Cristo, a viver segundo o seu Espírito, deixando-se guiar pelo amor, princípio de uma vida nova, que restitui o mundo e o homem ao projeto das suas origens: "[...] o mundo, a vida, a morte, o presente, o futuro. Tudo é vosso! Mas vós sois de Cristo, e Cristo é de Deus" (1Cor 3,22-23).

***

Cristo, salvação da humanidade e do cosmo

"Cada escolha nossa tem as suas consequências." Esta é a lição que Dorothy aprende desde pequena, quando, por desobediência, cai numa vala... Errar, porém, não é grave, o importante é aprender com os seus erros e escolher para si um mestre de vida que ajude a nos colocar na escola dos pobres, nos ensine que a juventude é chamada ao heroísmo, que sinta compaixão por quem sofre, que considere a terra como um dom para todos e que sejamos conduzidos pelo Mestre dos mestres, Cristo. Só dele vem a salvação para a humanidade e para o cosmo inteiro.

Esta última intuição é desenvolvida na mensagem dos bispos italianos para o Dia Nacional de Ação de Graças (12 de novembro de 2006) e na reflexão da comunidade monástica de Bose (representada aqui pelo Prior Enzo Bianchi) e da qual propomos uma síntese.[2]

No retorno quieto e silencioso da natureza, reconhecemos a fidelidade de Deus à sua promessa: "A terra faça brotar vegetação: plantas, que deem semente, e árvores frutíferas, que deem fruto sobre a terra [...]" (Gn 1,11). Mas, se no contato com a maravilha dos produtos da terra percebermos o dom inexaurível da Providência Divina, com tristeza devemos também constatar como a criação "geme e sofre nas dores do parto" no aguardo da realização da esperança de ser libertada "da escravidão da corrupção" (cf. Rm 8,21-22). Em particular, não podemos esconder a realidade de um mundo que ainda não resolveu o problema da fome e onde subsistem disparidades de desenvolvimento de tal gravidade que ponham populações inteiras diante de gestos desesperados.

É preciso remover esta vergonha da humanidade com escolhas políticas e econômicas apropriadas ao âmbito planetário. É

---

[2] Publicada em *La Stampa*, 3 maio 2009.

— A profecia de Dorothy Stang no diálogo ecumênico —

Dorothy montada num burro.

necessária "uma ação concreta e oportuna para garantir a todos, particularmente às crianças, a 'libertação da fome'" (Bento XVI, Intervenção por ocasião da oração do *Regina Coeli*, 21 de maio de 2006).

Conforta-nos a mensagem que Bento XVI ofereceu à nossa reflexão na Quaresma de 2006: "Ao ver as multidões, Jesus encheu-se de compaixão por elas, [...]" (Mt 9,36).

Também hoje, o "olhar" comovido de Cristo não cessa de pousar sobre os homens e sobre os povos. Olha para eles sabendo que o "plano" divino prevê o seu chamado à salvação. Jesus conhece as insídias que se opõem a tal plano e se comove pela multidão: decide defendê-la dos lobos mesmo ao preço da sua vida. Com aquele olhar Jesus abraça os indivíduos e a multidão e todos entrega ao Pai, oferecendo-se a si mesmo em sacrifício de expiação. Iluminada por esta verdade pascal, a Igreja sabe que, para promover um pleno desenvolvimento, é necessário que o nosso "olhar" sobre o homem se meça por aquele de Cristo. De fato, de modo algum é possível separar a resposta às necessidades materiais e sociais dos homens da satisfação das profundas necessidades do seu coração (CEI, Comissão episcopal para os problemas sociais e o trabalho, a justiça e a paz).

O homem não tem em si a capacidade de redenção

O sentido cristão da palavra "salvação" é cada vez mais desconhecido. No entanto, a procura de salvação – ainda que expressa com termos diversos – ressoa com força porque hoje mais do que nunca fica claro o desejo de cada homem e de cada mulher. Ser livres das alienações que contradizem a condição humana, redimidos pela morte e pelo sofrimento nas suas múltiplas formas, libertados das escravidões que oprimem o corpo e a psique e impedem que o homem seja o que desejaria ser, salvos do mal que se pode fazer ou receber. Tudo isso significa encontrar salvação, salvar-se, ser salvos.

Todos os seres humanos são habitados por uma busca de salvação que às vezes se manifesta como grito desesperado, outras vezes como busca perseguida com empenho e determinação, outras vezes ainda sob a forma de uma interrogação não expressa, uma não busca. O apóstolo Paulo, na Carta aos Romanos, inclui nessa busca de salvação o cosmo inteiro: "[...] toda a criação espera ansiosamente a revelação dos filhos de Deus [...] Também a própria criação espera ser libertada da escravidão da corrupção, [...] toda a criação, até o presente, está gemendo como que em dores do parto" (Rm 8,19-23). A salvação cristã tem, portanto, um alcance cósmico: há uma esperança de salvação, uma transfiguração percebida como necessária pelo cosmo inteiro. Assim, quando o homem busca salvação, faz-se voz também de todas as criaturas animadas e inanimadas.

A essa dor cósmica não pode senão corresponder uma salvação cósmica, salvação que aparece, sobretudo, como libertação da morte, como nova criação onde "a morte não existirá mais, e não haverá mais luto, nem grito, nem dor, porque as coisas anteriores passaram" (Ap 21,4). Com certa audácia se poderia afirmar também que todo ser humano, em virtude de um dinamismo que precede o seu querer e o seu sentir, é atraído para a salvação junto com toda a criação. Salvação que, para ser autêntica, deve declinar-se como libertação da morte: assim, na sua expectativa de salvação, os cristãos são chamados a esperar por todos na vinda definitiva do Senhor, que levará a história ao seu cumprimento.

A fé cristã pensa que a salvação é obra de Deus, que o homem não se salva por si mesmo, que essa salvação teve a sua plenitude em Jesus Cristo, o único salvador do mundo, ao qual caberá o ato final da história, o "juízo que mostrará como a salvação foi oferecida a todos e que pode por todos ser perseguida, mas revelará também quem poderá participar dela, com base nas escolhas feitas durante a sua vida, escolhas segundo o amor, que levam pelo caminho da vida, ou escolhas contra o amor, que conduzem pelo caminho da morte e do nada.

Todos os seres humanos, não só os cristãos, não só aqueles que estão na Igreja, mas também aqueles *extra ecclesia* podem ser salvos por Cristo, e a salvação tem destinação cósmica. Este entendimento nasce da visão que nos foi transmitida pelo Antigo e pelo Novo Testamento, em que um povo marginal, Israel, um judeu marginal, Jesus, uma comunidade marginal como a Igreja não são uma das histórias possíveis, mas a história escolhida por Deus para fazer aliança com toda a humanidade, para que o seu nome possa reinar como esperança de salvação para todos aqueles que na liberdade e por amor aderem à boa notícia ou à imagem de Deus impressa para sempre pelo próprio Deus em cada homem desde a criação.

A história do Povo de Deus, a vida terrena de Jesus é particular. Mas com a sua morte e ressurreição Jesus morreu também para o pertencimento restrito a um grupo particular, para renascer para a universalidade, para uma presença difundida por toda parte pelo seu Espírito Santo. "A salvação passa através de uma história particular, mas está destinada e se estende universalmente" (Enzo Bianchi).

* * *

Harmonia entre inteligência, afetividade e efetividade

Seja como professora com os seus alunos, seja como formadora dos pobres camponeses brasileiros, Dorothy alicerça o seu ensino na Bíblia, particularmente atraída pela harmonia proposta entre inteligência, afetividade e efetividade. Harmonia que é expressão de uma Presença invisível que tudo permeia e convida o crente a ter confiança e a dançar junto com todos os elementos da criação.

Essa harmonia é magistralmente descrita pelo Cardeal Gianfranco Ravasi, prefeito do Pontifício Conselho para a Cultura:[3]

> Para a Bíblia, Deus não cria o mundo através de uma luta primordial entre divindades, como ensinavam as cosmologias babilônicas para as quais o deus vencedor, Marduk, fazia em pedaços a divindade negativa, Tiamat,

---
[3] Artigo publicado em *Avvenire*, 19 abril 2008. Aqui são citados alguns trechos.

compondo com ela o universo. Desse modo a criação contém em si, necessária e definitivamente, o estigma do mal e do limite. Para a Bíblia, ao contrário, como dirá o evangelista João naquela obra-prima de hino que é o prólogo ao seu Evangelho, "no princípio era a Palavra (o *Logos*)", o Verbo divino eficaz.

O horizonte criado é, portanto, contemplado pela fé judeo-cristã como uma obra-prima das mãos de Deus, ou melhor, dos seus lábios. É por isso que terra e céu são considerados – para usar uma imagem da liturgia sinagogal – como um pergaminho estendido sobre o qual está escrita uma mensagem revelada ao homem. Ou, de forma mais sugestiva, podemos pensar com o poeta do Sl 19(18) que no mundo corre uma música silenciosa, uma voz áfona, um canal de escuta que ultrapassa o limiar auditivo, contudo está aberto e é reconhecível a todos: "Os céus narram a glória de Deus, o firmamento anuncia a obra de suas mãos. O dia transmite ao dia a mensagem e a noite conta a notícia a outra noite. Não é uma fala, nem são palavras, não se escuta a sua voz. Por toda a terra difundiu-se a sua voz e aos confins do mundo chegou a sua palavra. [...]".

Noite e dia são quase como sentinelas que de posto a posto transmitem uma mensagem divina. No mesmo Sl 19(18) é o sol que, como um atleta ou um herói vigoroso, corre a sua órbita diária tornando-se como que um arauto do seu Criador. No pequeno Livro do profeta Baruc se diz que "as estrelas brilham alegres cada qual no seu lugar. Deus chama e elas respondem: 'Pronto!', brilhando de alegria para aquela que as fez" (3,34-35).

No idílio primaveril pintado no Sl 65(64), a terra se torna como um manto florido e salpicado de rebanhos porque o Senhor passou por ela com o seu carro das águas e da fecundidade e "tudo canta e grita de alegria".

De modo mais frio e "teórico", o Livro da Sabedoria, um escrito bíblico que talvez tenha surgido em Alexandria no limiar do Cristianismo, observará que, "de fato, partindo da grandeza e beleza das criaturas, pode-se chegar a ver, por analogia, o seu Criador" (13,5). E nessa mesma linha se moverá Paulo, na sua obra-prima teológica, a Carta aos Romanos: "De fato, as perfeições invisíveis de Deus – não somente seu poder eterno, mas também a sua eterna divindade – são percebidas pelo intelecto, através de suas obras, desde a criação do mundo" (1,20).

A criação é, portanto, portadora de uma revelação "cósmica" e "natural", que não substitui, mas também não se opõe àquela "sobrenatural". Para recorrer a um jogo de palavras, possível só em grego, poder-se-ia dizer com o filósofo judeu-alexandrino Fílon (século I d.C.) que Deus compôs *poiemata*, ou seja, "obras" que são também "poemas", atos que são mensagens, realidade que são palavras. Afinal, em hebraico, um único vocábulo, *dabar*, significa ao mesmo tempo "palavra" e "fato".

O horizonte criado, para o crente judeu ou cristão, é, sim, um panorama admirável que pode ser contemplado com mentalidade romântica (na Bíblia há páginas emocionantes a este respeito), mas é sobretudo um "texto", um clarão do Criador, uma presença escondida, mas real. Como se dizia numa canção dos judeus hassidim da Europa central, do século XVIII, "Onde quer que eu vá, Tu; onde quer que eu pare, Tu; somente Tu, ainda Tu, sempre Tu. Céu; Tu; Terra Tu. Para onde quer que eu me volte, o que quer que admire, Tu, somente Tu, ainda Tu, sempre Tu".

* * *

Buscar aquilo que une

Dorothy sente a responsabilidade de tornar própria a herança do Concílio Vaticano II, particularmente a da *Gaudium et Spes*. Nas pegadas o Papa João XXIII, a Igreja compreende a necessidade de buscar aquilo que une, não aquilo que divide. Essa intuição se torna o *slogan* que amalgama as Igrejas cristãs no diálogo ecumênico. Dorothy está firmemente convencida de que a salvaguarda da criação é a plataforma sobre a qual é possível trabalhar, independentemente do seu credo religioso. Tal convicção anima todo o movimento ecumênico, retomado pela *Charta oecumenica* de 2001.

> Enquanto Conferência das Igrejas Europeias (CEC) e Conselho das Conferências Episcopais Europeias (CCEE), estamos firmemente determinados, no espírito dimanado da mensagem das duas Assembleias Ecumênicas Europeias de Basileia, 1989, e de Graz, 1997, a manter e desenvolver mais a comunhão que se estabeleceu entre nós. Agradecemos ao nosso Deus Trino, que, por meio do Espírito Santo, conduz os nossos passos rumo a uma comunhão cada vez mais intensa.
>
> Já se afirmaram variadas formas de colaboração ecumênica, mas, fiéis à pregação de Cristo: "Que todos sejam um, como tu, Pai, estás em mim, e eu em ti. Que eles estejam em nós, a fim de que o mundo creia que tu me enviaste" (Jo 17,21), não podemos considerar-nos satis-

feitos com o atual estado de coisas. Conscientes da nossa culpa e prontos para a conversão, devemos empenhar-nos em superar as divisões que ainda existem entre nós, de modo a anunciar juntos, de modo crível, a mensagem do Evangelho aos povos.

Na escuta comum da Palavra de Deus, contida na Sagrada Escritura, e chamados a confessar a nossa fé comum, e bem assim a agir juntos, em conformidade com a verdade reconhecida por nós, queremos dar testemunho do amor e da esperança para todos os seres humanos.

No nosso continente europeu, do Atlântico aos Urais, do cabo Norte ao Mediterrâneo, hoje mais que nunca caracterizado por um pluralismo cultural, queremos comprometer-nos com o Evangelho pela dignidade da pessoa humana, criada à imagem de Deus, e contribuir juntos, como Igrejas, para a reconciliação dos povos e das culturas.

Nesse sentido, elaboramos a *Charta* como compromisso comum com o diálogo e a colaboração. Ela estipula fundamentais deveres ecumênicos donde faz derivar uma série de linhas mestras e compromissos. Ela deve promover, a todos os níveis da vida das Igrejas, uma cultura ecumênica de diálogo e colaboração, e, para tanto, (deve) criar um critério vinculativo. Ela não se reveste, todavia, de nenhum caráter magistral, dogmático ou canônico. A sua normatividade consiste mais na auto-obrigação por parte das Igrejas e das organizações ecumênicas signatárias. Estas podem, com base nestes textos, formular, no seu (próprio) contexto, integrações próprias e orientações comuns, que tenham concretamente em conta específicos desafios próprios e os correspondentes deveres.

[...]

— A profecia de Dorothy Stang no diálogo ecumênico —

Um grupo de jovens ajuda na colheita, nas cercanias de Anapu.

Acreditando no amor de Deus criador, reconhecemos com gratidão o dom da criação, o valor e a beleza da natureza. Olhamos, todavia, com apreensão o fato de que os bens da terra sejam desfrutados sem ter em conta o seu valor intrínseco, sem consideração pela sua escassez, nem preocupação pelas gerações futuras.

Queremos empenhar-nos juntos em criar condições sustentáveis de vida para toda a criação. Conscientes da nossa responsabilidade perante Deus, temos de fazer e desenvolver critérios comuns para determinar o que é ilícito no plano ético, mesmo que seja realizável sob o ponto de vista científico e tecnológico. Em todo caso, a dignidade única de todo ser humano tem de ter o primado em relação ao que é tecnicamente realizável.

Recomendamos a instituição, por parte das Igrejas europeias, de um dia ecumênico de oração pela salvaguarda da criação.

Comprometemo-nos:

– a desenvolver um estilo de vida em que, em contraste com o domínio da lógica econômica e do consumismo, reconhecemos valor a uma qualidade de vida responsável e sustentável;

– a apoiar as organizações ambientais das Igrejas e as redes ecumênicas que assumam uma responsabilidade pela salvaguarda da criação.[4]

* * *

A fé como base de uma formação permanente

Dorothy sente a necessidade de formar-se bem, com vistas à própria missão, colocando como fundamento da formação espiritual e moral a fé em Deus. De tempo em tempo interrompe o seu trabalho ao lado dos pobres para atualizar-se, dando a si mesma o privilégio de estudar a Palavra de Deus e de aprofundar a Teologia da Libertação. A formação permanente é necessária para chegar a considerar a criação na perspectiva justa: realidade que não deve ser absolutizada nem reduzida a objeto de exploração egoísta.

Que a criação é um dom do qual todos devem responsavelmente participar é colocado bem em evidência pelo *Compêndio da Doutrina Social da Igreja Católica:*[5]

---

[4] Trechos extraídos da *Charta oecumenica*.
[5] As passagens do *Compêndio* correspondem ao cap. 10, n. 463-465.

Uma correta concepção do ambiente, se de um lado não pode reduzir de forma utilitarista a natureza [sic] mero objeto de manipulação e desfrute, por outro lado não pode absolutizar a natureza e sobrepô-la em dignidade à própria pessoa humana. Neste último caso, chega-se a ponto de divinizar a natureza ou a terra, como se pode facilmente divisar em alguns movimentos ecologistas que querem que se dê um perfil institucional internacionalmente garantido às suas concepções.

O Magistério tem motivado a sua contrariedade a uma concepção do ambiente inspirada no ecocentrismo e no biocentrismo, porque "se propõe eliminar a diferença ontológica e axiológica entre o homem e os outros seres vivos, considerando a biosfera como uma unidade biótica de valor indiferenciado. Chega-se assim a eliminar a superior responsabilidade do homem, em favor de uma consideração igualitária da 'dignidade' de todos os seres vivos".

Uma visão do homem e das coisas desligadas de qualquer referência à transcendência conduziu a [sic] negação do conceito de criação e a atribuir ao homem e à natureza uma existência completamente autônoma. O liame que une o mundo a Deus foi assim quebrado: tal ruptura terminou por desancorar do mundo também do homem e, mais radicalmente, empobreceu sua mesma identidade. O ser humano viu-se a considerar-se alheio ao contexto ambiental em que vive. É bem clara a consequência que daí decorre: "a relação que o homem tem com Deus é que determina a relação do homem com os seus semelhantes e com o seu ambiente. Eis por que a cultura cristã sempre reconheceu nas criaturas, que circundam o homem, outros tantos dons de Deus que devem ser cultivados e conservados, com sentido de gratidão para com o Criador. Em particular, as espiritualidades beneditina e franciscana têm testemunhado esta espécie de parentesco do homem com o ambiente da criação, alimentando nele uma atitude de respeito para com toda a realidade do mundo circunstante". Há que se ressaltar principalmente a profunda conexão existente entre ecologia ambiental e *"ecologia humana"*.

O Magistério enfatiza a responsabilidade humana de preservar um ambiente íntegro e saudável para todos: "A humanidade de hoje, se conseguir conjugar as novas capacidades científicas com uma forte dimensão ética, será certamente capaz de promover o ambiente como casa e como recurso, em favor do homem e de todos os homens; será capaz de eliminar os fatores de poluição, de assegurar condições de higiene e de saúde adequadas, tanto para pequenos grupos como para vastos aglomerados humanos. A tecnologia que polui pode também despoluir, a produção que acumula pode distribuir de modo equitativo, com a condição de que prevaleça a ética do respeito pela vida e a dignidade do homem, pelos direitos das gerações humanas presentes e daquelas vindouras".[6]

* * *

Coragem e espírito profético

Além da Palavra de Deus, Dorothy faz seu o ensinamento de corajosos bispos dotados de espírito profético. Apoiando-se na

---

[6] JOÃO PAULO II. *Discurso aos participantes num Congresso sobre "Ambiente e Saúde"* (24 de março de 1997), 5: *L'Osservatore Romano*, ed. em português, 5 abr. 1997, p. 9.

Bíblia e no Magistério, sente a necessidade de educar e formar os pobres no pensamento da Igreja acerca da salvaguarda da criação.

Nessa sintonia está o Arcebispo Giampaolo Crepaldi, que resume o *Compêndio da doutrina católica sobre a criação* num *Decálogo para um ambiente adequado ao ser humano* (2008).

1. A Sagrada Escritura indica os critérios morais fundamentais para enfrentar a questão ambiental, a saber: a pessoa humana, feita à imagem e semelhança de Deus Criador, está colocada acima de todas as outras criaturas terrenas, das quais deve usar e cuidar de modo responsável para corresponder ao grande plano divino sobre a criação. A encarnação de Jesus, Verbo divino, e a sua pregação dão testemunho do valor da natureza. Nada do que existe neste mundo é estranho ao desígnio criador e redentor divino (n. 451-455).

2. Na abordagem da questão ambiental o Magistério social da Igreja solicita que se leve em conta duas exigências fundamentais: (a) não se deve reduzir, de maneira utilitarista, a natureza a mero objeto de manipulação e exploração; (b) não se deve absolutizar a natureza nem sobrepô-la em dignidade à própria pessoa humana (n. 461-464).

3. A questão ambiental atual envolve o planeta inteiro, e a tutela do ambiente constitui um desafio para a humanidade inteira. Trata-se do dever, comum e universal, de respeitar um bem coletivo. A responsabilidade pelo ambiente, patrimônio comum do gênero humano, se estende não só às exigências do presente, mas também às do futuro. Trata-se de uma responsabilidade que as gerações presentes têm para com as gerações futuras (n. 466-467).

4. Na abordagem da questão ambiental deve-se fazer valer a primazia da ética sobre a técnica e, portanto, da necessidade de salvaguardar sempre a dignidade do ser humano. Ponto de referência central para toda aplicação científica e técnica é o respeito pelo homem, que deve ser acompanhado de uma necessária atitude de respeito para com as outras criaturas vivas (n. 456-460).

5. Numa correta colocação da questão ambiental, a natureza não é considerada uma realidade sagrada ou divina, subtraída da ação humana. Ela é antes um dom oferecido pelo Criador à comunidade humana, confiado à inteligência e à responsabilidade moral do homem. Por isso ele não realiza um ato ilícito quando, respeitando a ordem, a beleza e a utilidade dos seres vivos individuais e da sua função no ecossistema, intervém modificando algumas características e propriedades deles. São repreensíveis as intervenções do homem quando causam dano aos seres vivos ou ao ambiente natural, ao passo que são louváveis quando se traduzem numa melhoria para eles (n. 472-480).

6. A questão ambiental evidencia a necessidade de harmonizar as políticas do desenvolvimento com as políticas ambientais, em nível nacional e internacional. A planificação do desenvolvimento econômico deve considerar atentamente a necessidade de respeitar a integridade e os ritmos da natureza, pois os recursos naturais são limitados e alguns não são renováveis. Toda atividade econômica que se servir de recursos naturais deve também preocupar-se com a salvaguarda do ambiente e prever os seus custos, que hão de ser considerados como um item essencial dos custos da atividade econômica (n. 469-470).

— A profecia de Dorothy Stang no diálogo ecumênico —

Uma reunião de jovens em São Rafael, Anapu.

7. A questão ambiental exige que se atue efetivamente pelo desenvolvimento integral e solidário das regiões mais pobres do planeta. A este respeito, a doutrina social convida a ter presente que os bens da terra foram criados por Deus para serem sabiamente usados por todos. Tais bens sejam igualmente divididos, segundo a justiça e a caridade. Na realização de um desenvolvimento integral e solidário, o princípio da destinação universal dos bens oferece uma fundamental orientação moral e cultural para desatar o complexo e dramático nó que liga junto questão ambiental e pobreza (n. 481-485).

8. A questão ambiental requer, para a proteção do ambiente, a colaboração internacional através da ratificação de acordos mundiais sancionados pelo direito internacional. A responsabilidade pelo ambiente deve encontrar uma tradução adequada em nível jurídico. O conteúdo jurídico do direito a um ambiente sadio e seguro deverá ser elaborado segundo as exigências do bem comum e numa comum vontade de introduzir também sanções para aqueles que poluem o ambiente (n. 468).

9. A questão ambiental urge uma real mudança de mentalidade que leve a adotar novos estilos de vida. Tais estilos de vida devem ser inspirados na sobriedade, na temperança, na autodisciplina, no plano pessoal e social. É preciso sair da lógica do mero consumo e promover formas de produção agrícola e industrial que respeitem a ordem da criação e satisfaçam as necessidades primárias de todos. Uma atitude semelhante favorece uma renovada consciência da interdependência que liga todos os habitantes da terra entre si (n. 486).

10. A questão ambiental requer também uma resposta no nível da espiritualidade, inspirada pela convicção de que a criação é um dom que Deus colocou nas mãos responsáveis do homem, a fim de que use dele com cuidado amoroso. A atitude que deve caracterizar o homem diante da criação é essencialmente a atitude da gratidão e do reconhecimento. O mundo, com efeito, remete ao mistério de Deus, que o criou e o sustém. Se a relação com Deus for colocada entre parênteses, a natureza se esvazia do seu significado profundo, e fica mais pobre. Se, ao contrário, se chega a redescobrir a natureza na sua dimensão de criatura, pode-se estabelecer com ela uma

relação comunicativa, captar o seu significado evocativo e simbólico, penetrar assim no horizonte do mistério que abre ao homem a passagem para Deus, Criador dos céus e da terra. O mundo se oferece ao olhar do homem como vestígio de Deus, lugar no qual se revela o seu poder criador, providente e redentor (n. 487).

* * *

Responsabilidade pelo bem coletivo

No ano antes do assassinato de Dorothy, a Igreja, com a publicação do Compêndio da Doutrina Social da Igreja Católica, falando da criação, esclarece o conceito de responsabilidade à qual todos somos chamados, para salvaguardar este grande bem coletivo.[7]

Citamos as reflexões ligadas ao valor ambiental da biodiversidade, com particular referência à região amazônica:

> A tutela do ambiente constitui um desafio para toda a humanidade: trata-se do dever, comum e universal, de respeitar um bem coletivo, destinado a todos, impedindo que se possa fazer "impunemente uso das diversas categorias de seres, vivos ou inanimados – animais, plantas e elementos naturais – como se quiser, em função das próprias exigências". É uma responsabilidade que deve amadurecer com base na globalidade da presente crise ecológica e à consequente necessidade de enfrentá-la globalmente, enquanto todos os seres dependem uns dos outros na ordem universal estabelecida pelo Criador: "é

---

[7] O *Compêndio* trata deste tema nos n. 466-471.

preciso ter em conta a natureza de cada ser e as ligações mútuas entre todos, num sistema ordenado, qual é exatamente o cosmos".

Esta perspectiva reveste uma particular importância quando se considera, no contexto dos estreitos liames que unem vários ecossistemas entre si, o valor da biodiversidade, que deve ser tratada com sentido de responsabilidade e adequadamente protegida, porque constitui uma extraordinária riqueza para a humanidade toda. A tal propósito, cada um pode facilmente advertir, por exemplo, a importância da região amazônica, "um dos espaços mais apreciados do mundo pela sua diversidade biológica, que o torna vital para o equilíbrio ambiental de todo o planeta". *As florestas* contribuem para manter equilíbrios naturais essenciais indispensáveis para a vida. A sua destruição, também através de inconsiderados incêndios dolosos, acelera os processos de desertificação com perigosas consequências para as reservas de água e compromete a vida de muitos povos indígenas e o bem-estar das gerações futuras. Todos, indivíduos e sujeitos institucionais, devem sentir-se comprometidos a proteger o patrimônio florestal e, onde necessário, promover adequados programas de reflorestamento.

A responsabilidade em relação ao ambiente deve encontrar uma tradução adequada em campo jurídico. É importante que a Comunidade Internacional elabore regras uniformes para que tal regulamentação consinta aos Estados controlar com maior eficácia as várias atividades que determinam efeitos negativos no ambiente e preservar os ecossistemas prevendo possíveis acidentes: [...]

O conteúdo jurídico do "direito a um ambiente são e seguro" é fruto de uma elaboração gradual, requerida pela preocupação da opinião pública em disciplinar o uso dos bens da criação segundo as exigências do bem comum e em uma vontade comum de introduzir sanções para aqueles que poluem. As normas jurídicas, todavia, por si sós não bastam; a par destas, devem amadurecer um forte senso de responsabilidade, bem como uma efetiva mudança nas mentalidades e nos estilos de vida.

As autoridades chamadas a tomar decisões para afrontar riscos sanitários e ambientais, às vezes, se encontram diante de situações nas quais os dados científicos disponíveis são contraditórios ou quantitativamente escassos: em tal caso pode ser oportuna uma avaliação inspirada pelo "princípio de precaução", que não comporta a aplicação de uma regra, mas uma orientação ordenada a administrar situações de incerteza. Esta manifesta a exigência de uma decisão provisória e modificável com base em novos conhecimentos que eventualmente se venham a alcançar. A decisão deve ser proporcional às providências já tomadas em vista de outros riscos. As políticas cautelatórias, baseadas no princípio de precaução, requerem que as decisões sejam baseadas em um confronto entre riscos e benefícios previsíveis para cada possível opção alternativa, inclusive a decisão de não atuar. À abordagem baseada no princípio de precaução liga-se a exigência de promover todo o esforço para adquirir conhecimentos mais aprofundados, mesmo sabendo que a ciência não pode chegar rapidamente a conclusões acerca da ausência de riscos. As circunstâncias de incerteza e a provisoriedade tornam particularmente importante a transparência no processo decisório.

A programação do desenvolvimento econômico deve considerar atentamente a "necessidade de respeitar a integridade e os ritmos da natureza", já que os recursos naturais são limitados e alguns não são renováveis.

Uma atenção especial merece a relação que os povos indígenas mantêm com a sua terra e os seus recursos: trata-se de uma expressão fundamental da sua identidade. Muitos povos já perderam ou correm o risco de perder, em vantagem de potentes interesses agroindustriais ou em força dos processos de assimilação e de urbanização, as terras em que vivem, as quais está vinculado o próprio sentido de suas existências. Os direitos dos povos indígenas devem ser oportunamente tutelados. Estes povos oferecem um exemplo de vida em harmonia com o ambiente que eles aprenderam a conhecer e preservar: a sua extraordinária experiência, que é uma riqueza insubstituível para toda a humanidade, corre o risco de se perder juntamente com o ambiente do qual se origina.

* * *

A terra como dom

No quadro da Teologia da Libertação, Dorothy percebe "o gemido da criação", mas, longe de polemizar e de convidar à rebelião, ensina todos a considerar a terra como um dom.

Esta ideia que, um ano depois da sua morte, é desenvolvida pela Comissão da Conferência Episcopal Italiana para os problemas sociais e o trabalho, para o ecumenismo e o diálogo, a justiça e a paz (2006). Eis a parte central da mensagem publicada em nome dos bispos italianos:

— A profecia de Dorothy Stang no diálogo ecumênico —

Dorothy com os agricultores, na floresta.

Desde as primeiras páginas a Escritura fala de Deus como Criador, aquele que por amor fez cada coisa (Gn 1,2). "Do SENHOR é a terra e tudo o que ela contém", cantam os Salmos (24[23],1), convidando a contemplar a beleza, a bendizer o seu Autor e a sua ação providente (Sl 88; 103; 134; 148). Até a própria criação é convidada a deixar-se envolver no louvor, na bendição dirigida ao Criador que dá vida (Dn 3,52-90). Também os profetas lembram muitas vezes a potência criadora de Deus, para reforçar a fé do povo e para chamá-lo à conversão

(Is 40,12-13; 44,24-25; Am 4,13; 5,8-9). Eles chamam a uma existência na justiça e na fidelidade à Palavra. Só assim é possível viver uma relação com a terra que permita uma vida boa para a humanidade e para todas as criaturas. São particularmente os mandamentos do sábado, do ano sabático e do ano jubilar (Lv 23,3; 25,1-17) que lembram que o homem não é dono absoluto da terra. Ela foi dada a ele como dom, para cultivar e guardar em fidelidade (Gn 2,15).

O Novo Testamento relê tal perspectiva à luz da experiência do Senhor ressuscitado, descobrindo nele o mediador da criação inteira. Por meio dele tudo foi criado e nele tudo encontra sentido e plenitude (Jo 1,1-3; Cl 1,5-20; Hb 1,3). Aquele mesmo Verbo que se fez carne em Jesus Cristo atuava, com efeito, desde o princípio, como Sabedoria criadora do Pai. A Páscoa do Senhor, depois, revela uma dimensão cósmica. É a própria terra que está envolvida na ressurreição, de modo que está orientada para a plenitude de vida. A esperança cristã tem, portanto, as dimensões da criação inteira: "[...] esperamos [...] novos céus e uma nova terra, nos quais habitará a justiça" (2Pd 3,13).

A Escritura fala da criação como do primeiro grande dom de Deus, a primeira radical expressão do seu amor potente: um cosmo ordenado e precioso, capaz de sustentar aquela realidade misteriosa e frágil que é a vida.

[...] A responsabilidade pela criação foi uma redescoberta comum das Igrejas cristãs. Na pluralidade das tradições cristãs, confessar Deus como o Criador é tema compartilhado, sobre o qual é possível um sentir comum e um enriquecimento recíproco. Eis que se abre, portanto, um importante espaço de diálogo e encontro entre os cristãos das diversas confissões, para o qual eles levarão as respectivas sensibilidades com vistas a um crescimento comum. A acentuação da dimensão espiritual, a centralidade da Palavra, a atenção pela Eucaristia, o compromisso no plano ético são dimensões diferentes, que podem enriquecer-se reciprocamente ao convocar todos para o cuidado da criação.

Várias poderão ser as formas de expressão de tal compromisso. Desde uma releitura da comum herança bíblica a um exame das problemáticas ecológicas do nosso tempo – em escala tanto global como local – até a busca concreta de novos estilos pessoais e comunitários de vida.

* * *

Sobriedade dos costumes e valorização das energias renováveis

Dorothy auspicia uma profunda renovação do nosso modo de viver, uma maior sobriedade no consumo, a valorização das energias limpas e renováveis.

Encontramos essas ideias na catequese de Bento XVI pronunciada em Castel Gandolfo em 26 de agosto de 2009, com vistas à IV Jornada para a Salvaguarda da Criação (1º de setembro de 2009).

Louvado sejas, ó meu Senhor, pelo irmão Vento
e pelo Ar, e Nuvens, e Sereno, e todo o tempo,
por quem dás às tuas criaturas o sustento.

É este convite ao louvor do Senhor pelo dom do ar, fonte de vida para todas as criaturas, que São Francisco proclama no Cântico das Criaturas. Louvamos a Deus Criador pelos inumeráveis dons do seu amor, seguindo o exemplo do Santo de Assis, padroeiro da Itália, por ocasião do centenário da apresentação da Regra ao Papa Inocêncio III, ocorrida em 1209.

Por ocasião da IV Jornada para a Salvaguarda da Criação, propomos à atenção das comunidades eclesiais o renovado compromisso e a atenção por aquele bem indispensável à vida de todos que é o ar. Reflitamos sobre a necessidade de respirar ar mais limpo e sobre a nossa contribuição pessoal para que isso aconteça. Reflitamos também sobre a eventualidade de os elementos naturais poderem dar lugar a catástrofes, mas, sobretudo, olhemos para eles com o coração cheio de louvor a Deus. Redescubramos, antes, neles as suas pegadas, segundo a indicação do episódio bíblico de Elias no Horeb: ele não encontra Deus no vento impetuoso e forte, nem no terremoto nem no fogo, mas o encontra no vento suave (1Rs 19,11-12). Olhemos para as realidades da criação com aquela pureza de coração invocada por Jesus nas bem-aventuranças (cf. Mt 5,8), que chega a ver os dons de Deus em todo lugar, também nos lírios do campo e nos pássaros do ar (cf. Lc 12,22-31).

O espírito de Deus

O ar que respiramos está ligado à vida. Apenas quando respiramos estamos na vida. O Livro do Gênesis afirma: "Então o Senhor Deus formou o ser humano com o pó do solo, soprou-lhe nas narinas o sopro da vida, e ele tornou-se um ser vivente" (2,7). Ou antes, no próprio Deus a terceira Pessoa é o Espírito que dá a vida. O venerável servo de Deus João Paulo II, na audiência geral de 2 de agosto de 2000, explicando a relação do Deus Trino com toda a criação, dizia do Espírito Santo: "À luz da fé cristã, a criação evoca de modo particular o Espírito Santo no dinamismo que assinala as relações entre as coisas, dentro do macrocosmo e do microcosmo, e que se manifesta sobretudo onde nasce e se desenvolve a vida. Toda forma de vida, de animação, de amor, remete, em última análise, àquele Espírito do qual o Gênesis diz que 'pairava sobre as águas' (1,2) na aurora da criação e no qual os cristãos, à luz do Novo Testamento, reconhecem uma referência à Terceira Pessoa da Santíssima Trindade".

Jesus Cristo, que na sua morte "gritou com voz forte e expirou" (cf. Mt 27,50) e "entregou o Espírito" (Jo 19,30), apareceu depois da sua ressurreição aos discípulos e soprou sobre eles, dando-lhes o seu Espírito com vistas à remissão dos pecados e à reconciliação com toda a criação. No dia de Pentecostes, esse Espírito vem sobre todos como vento impetuoso para transformar os corações, para infundir coragem e para criar comunhão e solidariedade.

São Paulo, no oitavo capítulo da Carta aos Romanos, apresenta o Espírito divino que habita em nós e que nos liberta das tendências do pecado, tornando-nos filhos adotivos do Pai. Ao mesmo tempo, fala do gemido da criação por causa das consequências do pecado, e dos crentes, que já têm as primícias do Espírito e também gemem interiormente. Toda a criação sofre como nas dores do parto à espera de se tornar um dia participante da glória dos filhos de Deus. E o próprio Espírito de Deus vem em ajuda de nossa fraqueza e intercede por nós com gemidos inenarráveis.

* * *

Opções preferenciais

A escolha preferencial pelo pobre e a paixão pela defesa dos direitos dos pobres estão na base do compromisso de Dorothy por um desenvolvimento integral de toda pessoa, chamada continuamente a discutir e buscar novos modelos de vida.

Esta ideia está bem expressa no documento da Comissão Justiça, Paz e Salvaguarda da Criação, da Conferência Episcopal Campana.[8]

Escolhas preferenciais propostas pelos católicos:

- Sobre o princípio da "centralidade e dignidade da pessoa", a Igreja defende o direito de todas as pessoas, de todos os continentes, a um ambiente seguro, salubre e ecologicamente sadio e a uma comida segura e sadia, e à água adequada ao seu bem-estar.

- Sobre a mensagem evangélica de libertação e sobre a concepção cristã de liberdade, a Igreja fundamenta a sua capacidade humana em relação à liberdade exercida com responsabilidade.

- Sobre a "opção preferencial pelos pobres", a Igreja fundamenta o seu compromisso por um modelo de desenvolvimento sustentável a favor das gerações futuras e dos países empobrecidos do Sul do mundo, que são defendidos e libertados das opressões dos países ricos.

- Sobre o princípio da "destinação universal dos bens", a Igreja radica a luta contra a pobreza em nível internacional e contra as suas causas, base principal da degradação

---

[8] O documento, de 2002, aqui apresentado em síntese, está disponível em: <www.ildialogo.org/ambiente>.

ambiental. A Igreja considera a prosperidade econômica, a seguridade social e a estabilidade ecológica como problemas interdependentes, e indica no princípio do "desenvolvimento sustentável" uma referência da sua doutrina social.

• Sobre o "mandamento do amor aos inimigos", a Igreja fundamenta o compromisso contra todas as guerras e as violências porque não só destroem vidas humanas, mas também causam dano à terra, arruinando colheitas, vegetação, e poluindo a água.

• Sobre o valor da solidariedade, "a determinação firme e perseverante de se empenhar pelo bem comum" (*Sollicitudo Rei Socialis*, n. 38), a Igreja educa para a superação dos modelos de vida baseados no hedonismo e no consumismo, a favor da sobriedade e da austeridade como valores alinhados com o compromisso pela salvaguarda da criação.

* * *

Edificação de uma sociedade mais justa e solidária

A tomada de posição profética de Dorothy a favor dos mais pobres está ligada às experiências de vida passadas com eles e à sua determinação a "mexer-se". Quem se mexe faz mover. O seu apoio total às comunidades de base não é outra coisa senão a resposta a tudo o que aprende dos pobres, que ensinaram a ela o senso da responsabilidade para com todos os elementos da terra dados por Deus a nós como dom para dividir igualmente, a começar com o ar e a água, como expresso pelo Magistério dos bispos da Conferência Episcopal Italiana (CEI, 2007) e acentuado por Bento

XVI, em particular no discurso à Ágora dos Jovens, em Loreto, no mesmo ano:

> Caros jovens, seguir Cristo comporta, além disso, o esforço constante em vista de dar a própria contribuição para a edificação de uma sociedade mais justa e solidária, onde todos possam gozar dos bens da terra.
>
> Bem sei que muitos de vós já se dedicam com generosidade ao testemunho da própria fé nos vários âmbitos sociais, atuando no setor do voluntariado, trabalhando para a promoção do bem comum, da paz e da justiça em todas as comunidades. Um dos campos em que parece urgente atuar é, sem dúvida, o da salvaguarda da criação.
>
> Às novas gerações é confiado o porvir do planeta, em que são evidentes os sinais de um desenvolvimento que nem sempre soube tutelar os delicados equilíbrios da natureza. Antes que seja demasiado tarde, é preciso tomar decisões corajosas, que saibam criar de novo uma forte aliança entre o homem e a terra. São necessários um sim decisivo à tutela da criação e um compromisso vigoroso em vista de inverter as tendências que correm o risco de levar a situações de degradação irreversível. Por isso, apreciei a iniciativa da Igreja italiana, de promover a sensibilidade sobre as problemáticas da salvaguarda da criação, proclamando um *Dia* nacional que se celebra precisamente no dia 1º de setembro. No corrente ano, presta-se atenção, sobretudo, na água, um bem extremamente precioso que, se não for compartilhado de maneira equitativa e pacífica, infelizmente vai tornar-se um motivo de tensões duras e conflitos ásperos (Bento XVI).
>
> A Igreja italiana celebra o *Dia para a Salvaguarda da Criação* para testemunhar a importância que atribui ao

Dorothy com as mulheres do curso de corte e costura em Anapu.

dom da criação e para lembrar os cristãos e todos os homens da tarefa que Deus confiou à humanidade: guardar e cultivar a terra como um jardim (Gn 2,15). O Dia se apresenta também como resposta aos apelos de Bento XVI. No *Discurso da vigília de Pentecostes de 2006*, ele convidava a deixar-se envolver pelo Espírito na "responsabilidade de Deus pelo seu mundo e pela humanidade inteira". Na *Declaração conjunta* com o Patriarca ecumênico Bartolomeu, de 30 de novembro de 2006, destacava a grande importância reconhecida pelas duas Igrejas aos "esforços realizados para proteger a criação de Deus e para deixar às gerações futuras uma terra na qual possam viver". Na *Mensagem para o Dia Mundial para a Paz de 2007*, ele punha o acento nas "ligações existentes entre a ecologia natural, ou seja, o respeito pela natureza, e a ecologia humana", entre "a paz com a criação e a paz entre os homens"; paz como "capacidade de viver com justiça e solidariedade" que se realiza num "mundo organizado e harmonioso", criação de Deus. Essas referências evidenciam a variedade de motivações sobre as quais se baseia a questão ambiental e que surgem com nitidez exatamente em relação com o tema escolhido pelo *Dia de 2007*: a água, elemento importante, e até decisivo, para a vida do nosso "planeta azul".

A água para a vida. É importante refletir sobre a água, em primeiro lugar pela dramática atualidade do tema e pelo peso da crise hídrica que afeta numerosas populações. Quase um bilhão e meio de pessoas carece de um acesso adequado à água, ao passo que mais numerosas ainda são aquelas que carecem de uma suficiente disponibilidade de água potável. É uma realidade que interessa, sobretudo, às regiões de renda mais baixa, nas quais, entre outras coisas, o acesso à água pode muitas vezes desencadear verdadeiros conflitos.

Como observa Bento XVI na *Mensagem para o Dia Mundial da Paz de 2007*:

> Na raiz de não poucas tensões que ameaçam a paz, estão certamente *as inúmeras injustas desigualdades* ainda tragicamente presentes no mundo. De entre elas são, por um lado, particularmente insidiosas *as desigualdades no acesso a bens essenciais*, como a comida, a água, a casa, a saúde; [...].

Aqui surge com clareza aquela relação estreita entre justiça, paz e salvaguarda da criação tantas vezes lembrada no âmbito ecumênico. Lembremo-nos da Primeira Assembleia Ecumênica Europeia de Basileia de 1989 ou da Convocação Mundial de Seul de 1990. Podemos entender a importância disso considerando os refugiados ambientais, homens, mulheres e crianças obrigados a abandonar as suas terras, que se tornaram inabitáveis por causa da desertificação. É uma realidade dramaticamente evidente em vastas regiões da África e que interessa sempre mais, embora em medida diferente, também a outras áreas do planeta. Nenhum ecossistema pode permitir uma vida sustentável quando faltar aquele recurso fundamental que é a água. Um uso inadequado e impróprio da água, junto com o progressivo aquecimento determinado pela acentuação do efeito estufa, faz com que o nosso país (Itália), e não apenas as suas zonas mais quentes, conheça muitas vezes uma emergência hídrica, felizmente em geral limitada apenas ao período de verão.

Exatamente tais situações críticas evidenciam, por outro lado, a importância da água como fonte de vida. A sua disponibilidade é, pois, essencial para os ciclos vitais da terra e fundamental para uma existência plenamente humana. Não é de admirar, portanto, que Francisco de Assis tenha colocado a referência à água – "muito útil e humilde e preciosa e casta" – no centro daquele altíssimo louvor a Deus que é o *Cântico das Criaturas*.

Tirar das fontes. A realidade em si já está claramente expressa também na Escritura, em ambos os Testamentos. Negativamente, o deserto, lugar de falta de água, e o tempo da seca revelam a fragilidade da vida humana, a sua dependência do Único que pode cavar "um canal para o aguaceiro e o caminho para o relâmpago e o trovão, para que chova em terras despovoadas, na estepe inabitada pelo homem" (cf. Jó 38,25-26). Positivamente, o segundo capítulo do Gênesis exprime a bondade daquela criação de Deus através da abundância da água que irriga o jardim do Éden (Gn 2,10-14). Os salmos, depois, descobrem no seu derramamento diário sobre a terra o dom sempre renovado, que permite a vida dos homens e das outras criaturas: é o próprio Deus que visita a criação e a dessedenta (Sl 65[64],10). E a tradição profética descreve a plenitude de vida prometida com a imagem do deserto florido, tornado fértil pelas fontes que brotam, espaço habitável para os pobres (Is 41,18-20). Também o Apocalipse coloca no centro da nova Jerusalém "um rio de água vivificante, o qual brilhava como um cristal. O rio brotava do trono de Deus e do Cordeiro" (22,1).

A mesma experiência da água como força vivificante é destacada pelo encontro de Jesus com a samaritana à beira do poço de Jacó (Jo 4,1-30). Aquela água que vivifica a criação se torna, assim, o sinal potente do dom radical que ele faz de si na história da salvação para vivificar, purificar e renovar as nossas existências. No sinal do Batismo as diversas confissões cristãs reconhecem o poder sacramental de tal realidade misteriosa, que transforma profundamente aqueles que o recebem. A Escritura e a experiência eclesial convidam, portanto, a ver na água um dom precioso, que merece um cuidado atento; um recurso essencial para a vida, a ser compartilhado segundo a justiça com todos aqueles que habitam o nosso planeta, hoje e no futuro.

A água, bem comum e direito. A água, portanto, é um bem comum da família humana, a gerir de modo adequado para garantir a possibilidade de vida do planeta também para as próximas gerações. Por isso é necessário estabelecer políticas da água capazes de se oporem aos desperdícios e às ineficiências, e de promoverem, ao mesmo tempo, um uso responsável pelo uso responsável nos vários setores (indústria, agricultura...). É preciso tutelar a disponibilidade de água limpa pelas várias formas de poluição que a ameaçam e garantir a estabilidade do clima e do regime pluvial, fazendo tudo o que é possível para conter as consequências das mudanças climáticas. Enfim, é preciso salvaguardar os ecossistemas marinhos e fluviais, cuja beleza serve para guardar frequentemente a diversidade biológica que a habita.

Essas graves e complexas problemáticas solicitam, em primeiro lugar, as responsabilidades dos governantes e dos políticos, mas interpelam a todos, tendo em vista o consumo individual. De fato, todos somos convidados a renovar os nossos estilos de vida, no sentido da sobriedade e da eficiência, testemunhando no dia a dia o valor que reconhecemos à água.

Por outro lado, enquanto bem de todos, a água não é uma realidade puramente econômica. Como dom que deriva da criação, a água tem destinação universal, a regulamentar em nível normativo. A contribuição que também as questões privadas podem dar à sua gestão não deve, porém, de modo algum, ir em detrimento daquele direito fundamental à água, que as questões públicas devem garantir a todo ser humano. Exatamente porque "sem água a vida está ameaçada", como é sublinhado pelo *Compêndio da Doutrina Social da Igreja Católica*, tal direito é "universal e inalienável" (n. 485). Também o Conselho Ecumênico das Igrejas sublinhou muitas vezes a relação entre a consideração da água como dom e o direito das pessoas e povos a ela (CEI, 2007).

* * *

O "indivisível" bem comum do gênero humano

À "execranda fome de ouro" Dorothy opõe a fome de justiça que será o resultado do compromisso de cada um de nós na busca do bem comum.

O bem comum do gênero humano é defendido pelo Magistério da Igreja e apresentado de novo por Bento XVI na Mensagem aos participantes da 45ª Semana Social, em 2007.

O Compêndio da Doutrina Social da Igreja, referindo-se ao ensinamento do Concílio Ecumênico Vaticano II, especifica que "o bem comum não consiste na simples soma dos bens particulares de cada sujeito do corpo social. Sendo de todos e de cada um, é e permanece comum, porque indivisível e porque somente juntos é possível alcançá-lo, aumentá-lo e conservá-lo, também em vista do futuro" (*Gaudium et Spes*, 164). Já o Teólogo Francisco Suárez identificava um *bonum commune omnium nationum*, entendido como "bem comum do gênero humano".

No passado, e ainda mais hoje em tempo de globalização, o bem comum é considerado e promovido também no contexto das relações internacionais e fica claro que, exatamente pelo fundamento social da existência humana, o bem de cada pessoa se torna naturalmente interligado com o bem da humanidade inteira. O amado servo de Deus João Paulo II observa, a este respeito, na encíclica *Sollicitudo Rei Socialis*, que se "trata da interdependência apreendida como sistema determinante de relações no mundo contemporâneo, com as suas componentes – econômica, cultural, política e religiosa – e assumida como categoria moral". E acrescentava: "Quando a interdependência é reconhecida assim, a resposta correlativa, como atitude moral e social e como 'virtude', é a solidariedade. Esta, portanto, não é um sentimento de compaixão vaga ou de enternecimento superficial pelos males sofridos por tantas pessoas próximas ou distantes. Pelo contrário, é a determinação firme e perseverante de se empenhar pelo bem comum; ou seja, pelo bem de todos e de cada um, porque todos nós somos verdadeiramente responsáveis por todos".

Na encíclica *Deus Caritas* Est quis lembrar que "a formação de estruturas justas não é imediatamente um dever da

Dom Erwin Kräutler, bispo do Xingu e amigo querido de Dorothy.

Igreja, mas pertence à esfera da política, isto é, ao âmbito da razão autorresponsável". E depois observei que "nisto, o dever da Igreja é mediato, enquanto lhe compete contribuir para a purificação da razão e o despertar das forças morais, sem as quais não se constroem estruturas justas, nem estas permanecem operativas por muito tempo". Que ocasião melhor do que esta para reforçar que atuar por uma ordem justa na sociedade é imediatamente dever exatamente dos fiéis leigos?

Como cidadãos do Estado compete a eles participar em primeira pessoa da vida pública e, no respeito das legítimas autonomias, cooperar para configurar corretamente a vida social, junto com todos os outros cidadãos segundo as competências de cada um e sob a sua responsabilidade autônoma. Na minha intervenção no Congresso Eclesial Nacional de Verona, no ano passado, destaquei que agir no âmbito político para construir uma ordem justa na sociedade italiana não é tarefa imediata da Igreja como tal, mas dos fiéis leigos. A essa tarefa sua, da maior importância, eles devem dedicar-se com generosidade e coragem, iluminados pela fé e pelo Magistério da Igreja e animados pela caridade de Cristo. Para isso foram sabiamente instituídas as Semanas Sociais dos Católicos Italianos e essa providente iniciativa poderá também no futuro oferecer uma contribuição decisiva para a formação e a animação dos cidadãos cristãmente inspirados.

* * *

Campanha pelo desarmamento nuclear e contra a pena de morte

Dorothy sensibiliza as irmãs da sua congregação sobre o desarmamento nuclear e contra a pena de morte e coleta assinaturas entre a população, tendo em vista uma tomada de posição oficial por parte do governo para criar uma sociedade que busque a paz. Esta sociedade será o resultado do esforço comum para eliminar a miséria.

Para este tema apoiamo-nos em Bento XVI, na sua *Mensagem para o Dia Mundial da Paz de 2010*, da qual citamos algumas passagens.

Para este XLIII Dia Mundial da Paz, escolhi o tema: *Se quiseres cultivar a paz, preserva a criação*. O respeito pela criação reveste-se de grande importância, designadamente porque "a criação é o princípio e o fundamento de todas as obras de Deus" e a sua salvaguarda torna-se hoje essencial para a convivência pacífica da humanidade. Com efeito, se são numerosos os perigos que ameaçam a paz e o autêntico desenvolvimento humano integral, devido à desumanidade do homem para com o seu semelhante – guerras, conflitos internacionais e regionais, atos terroristas e violações dos direitos humanos –, não são menos preocupantes os perigos que derivam do desleixo, se não mesmo do abuso, em relação à terra e aos bens naturais que Deus nos concedeu. Por isso, é indispensável que a humanidade renove e reforce "aquela aliança entre ser humano e ambiente que deve ser espelho do amor criador de Deus, de quem provimos e para quem estamos a caminho". [...]

Em 1990, João Paulo II falava de "crise ecológica" e, realçando o caráter prevalecentemente ético de que a mesma se revestia, indicava "a urgente necessidade moral de uma nova solidariedade". Hoje, com o proliferar de manifestações de uma crise que seria irresponsável não tomar em séria consideração, tal apelo aparece ainda mais premente. Pode-se porventura ficar indiferente perante as problemáticas que derivam de fenômenos como as alterações climáticas, a desertificação, o deterioramento e a perda de produtividade de vastas áreas agrícolas, a poluição dos rios e dos lençóis de água, a perda da biodiversidade, o aumento de calamidades naturais, o desflorestamento das áreas equatoriais e tropicais? Como descurar o fenômeno crescente dos chamados "prófugos ambientais", ou seja, pessoas que, por causa da degradação do ambiente onde vivem, se veem obrigadas a abandoná-lo – deixando lá muitas vezes também os seus bens – tendo de enfrentar os perigos e as incógnitas de uma deslocação forçada? Como não reagir perante os conflitos, já em ato ou potenciais, relacionados com o acesso aos recursos naturais? Trata-se de um conjunto de questões que têm um impacto profundo no exercício dos direitos humanos, como, por exemplo, o direito à vida, à alimentação, à saúde, ao desenvolvimento.

A Igreja tem a sua parte de responsabilidade pela criação e sente que a deve exercer também em âmbito público, para defender a terra, a água e o ar, dádivas feitas por Deus Criador a todos, e antes de tudo para proteger o homem contra o perigo da destruição de si mesmo.

Se quiseres cultivar a paz, preserva a criação. A busca da paz por parte de todos os homens de boa vontade será, sem dúvida alguma, facilitada pelo reconhecimento comum da relação indivisível que existe entre Deus, os seres humanos e a criação inteira. Os cristãos, iluminados pela Revelação divina e seguindo a Tradição da Igreja, prestam a sua própria contribuição. Consideram o cosmos e as suas maravilhas à luz da obra criadora do Pai e redentora de Cristo, que, pela sua morte e ressurreição, reconciliou com Deus "todas as criaturas, na terra e nos céus" (Cl 1,20). Cristo crucificado e ressuscitado concedeu à humanidade o dom do seu Espírito santificador, que guia o caminho da história à espera daquele dia em que, com o regresso glorioso do Senhor, serão inaugurados "novos céus e uma nova terra" (2Pd 3,13), onde habitarão a justiça e a paz para sempre. Assim, proteger o ambiente natural para construir um mundo de paz é dever de toda a pessoa. Trata-se de um desafio urgente que se há de enfrentar com renovado e concorde empenho; é uma oportunidade providencial para entregar às novas gerações a perspectiva de um futuro melhor para todos. Disto mesmo estejam cientes os responsáveis das nações e quantos, nos diversos níveis, têm a peito a sorte da humanidade: a salvaguarda da criação e a realização da paz são realidades intimamente ligadas entre si. Por isso, convido todos os crentes a elevarem a Deus, Criador onipotente e Pai misericordioso, a sua oração fervorosa, para que no coração de cada homem e de cada mulher ressoe, seja acolhido e vivido o premente apelo: *Se quiseres cultivar a paz, preserva a criação.*

* * *

Um compromisso concreto pela justiça

Dorothy estremece diante dos males do mundo. Este sentimento a leva a falar da necessidade de indignar-se diante da crescente injustiça experimentada no Pará. A indignação seria estéril se não levasse a um compromisso concreto pela justiça.

Transcrevemos a seguir a Carta do 5º Congresso Nacional do MST:

> Nós, 17.500 trabalhadoras e trabalhadores rurais sem-terra de 24 estados do Brasil, 181 convidados internacionais representando 21 organizações camponesas de 31 países e amigos e amigas de diversos movimentos e entidades, estivemos reunidos em Brasília entre os dias 11 e 15 de

junho de 2007, no 5º Congresso Nacional do MST, para discutirmos e analisarmos os problemas de nossa sociedade e buscarmos apontar alternativas.

Nós nos comprometemos a seguir ajudando na organização do povo, para que lute por seus direitos e contra a desigualdade e as injustiças sociais. Por isso, assumimos os seguintes compromissos:

1. Articular com todos os setores sociais e suas formas de organização para construir um projeto popular que enfrente o neoliberalismo, o imperialismo e as causas estruturais dos problemas que afetam o povo brasileiro.

2. Defender os nossos direitos contra qualquer política que tente retirar direitos já conquistados.

3. Lutar contra as privatizações do patrimônio público, a transposição do Rio São Francisco e pela reestatização das empresas públicas que foram privatizadas.

4. Lutar para que todos os latifúndios sejam desapropriados e prioritariamente as propriedades do capital estrangeiro e dos bancos.

5. Lutar contra as derrubadas e queimadas de florestas nativas para expansão do latifúndio. Exigir dos governos ações contundentes para coibir essas práticas criminosas ao meio ambiente. Combater o uso dos agrotóxicos e a monocultura em larga escala da soja, cana-de-açúcar, eucalipto, etc.

6. Combater as empresas transnacionais que querem controlar as sementes, a produção e o comércio agrícola brasileiro, como a Monsanto, Syngenta, Cargill, Bunge, ADM, Nestlé, Basf, Bayer, Aracruz, Stora Enso, entre

outras. Impedir que continuem explorando nossa natureza, nossa força de trabalho e nosso país.

7. Exigir o fim imediato do trabalho escravo, a superexploração do trabalho e a punição dos seus responsáveis. Todos os latifúndios que utilizam qualquer forma de trabalho escravo devem ser expropriados, sem nenhuma indenização, como prevê o Projeto de Emenda Constitucional já aprovado em primeiro turno na Câmara dos Deputados.

8. Lutar contra toda forma de violência no campo, bem como a criminalização dos Movimentos Sociais. Exigir punição dos assassinos – mandantes e executores – dos lutadores e lutadoras pela Reforma Agrária, que permanecem impunes e com processos parados no Poder Judiciário.

9. Lutar por um limite máximo do tamanho da propriedade da terra. Pela demarcação de todas as terras indígenas e dos remanescentes quilombolas. A terra é um bem da natureza e deve estar condicionada aos interesses do povo.

10. Lutar para que a produção dos agrocombustíveis esteja sob o controle dos camponeses e trabalhadores rurais, como parte da policultura, com preservação do meio ambiente e buscando a soberania energética de cada região.

11. Defender as sementes nativas e crioulas. Lutar contra as sementes transgênicas. Difundir as práticas de agroecologia e técnicas agrícolas em equilíbrio com o meio ambiente. Os assentamentos e comunidades rurais devem produzir prioritariamente alimentos sem agrotóxicos para o mercado interno.

12. Defender todas as nascentes, fontes e reservatórios de água doce. A água é um bem da Natureza e pertence à humanidade. Não pode ser propriedade privada de nenhuma empresa.

13. Preservar as matas e promover o plantio de árvores nativas e frutíferas em todas as áreas dos assentamentos e comunidades rurais, contribuindo para preservação ambiental e na luta contra o aquecimento global.

14. Lutar para que a classe trabalhadora tenha acesso ao ensino fundamental, escola de nível médio e à universidade pública, gratuita e de qualidade.

15. Desenvolver diferentes formas de campanhas e programas para eliminar o analfabetismo no meio rural e na cidade, com uma orientação pedagógica transformadora.

16. Lutar para que cada assentamento ou comunidade do interior tenha seus próprios meios de comunicação popular, como, por exemplo, rádios comunitárias e livres. Lutar pela democratização de todos os meios de comunicação da sociedade, contribuindo para a formação da consciência política e a valorização da cultura do povo.

17. Fortalecer a articulação dos movimentos sociais do campo na Via Campesina Brasil, em todos os estados e regiões. Construir, com todos os Movimentos Sociais a Assembleia Popular nos municípios, regiões e estados.

18. Contribuir na construção de todos os mecanismos possíveis de integração popular latino-americana, através da ALBA – Alternativa Bolivariana dos Povos das Amé-

— A profecia de Dorothy Stang no diálogo ecumênico —

Os amigos de Dorothy fazem uma homenagem à vida e à missão dela no campo.

ricas. Exercer a solidariedade internacional com os povos que sofrem as agressões do império, especialmente agora, com o povo de Cuba, Haiti, Iraque e Palestina.

Conclamamos o povo brasileiro para que se organize e lute por uma sociedade justa e igualitária, que somente será possível com a mobilização de todo o povo. As grandes transformações são sempre obra do povo organizado. E, nós do MST, nos comprometemos a jamais esmorecer e lutar sempre.

REFORMA AGRÁRIA: Por Justiça Social e Soberania Popular!

Brasília, 15 de junho de 2007

* * *

Cristianismo: não ópio, mas adrenalina dos povos

Do Cristianismo – pelo Evangelho e pela Doutrina Social da Igreja – Dorothy recebe a força de trabalhar por aquela justiça que é indispensável para criar um mundo de paz.

Apresentamos aqui as conclusões da VI Consulta das Conferências Episcopais Europeias sobre "a responsabilidade das Igrejas e das religiões pela Criação", celebrada de 3 a 6 de junho de 2004 em Namur (Bélgica).

1. A responsabilidade pela criação é um desafio central para o futuro da Terra, para a defesa da paz e também para o testemunho cristão na sociedade contemporânea: sobre esta valorização do problema ecológico as Igrejas cristãs estão de acordo. Mas também o diálogo inter-religioso é necessário para a responsabilidade ecológica.

2. Não há paz sem diálogo ecumênico e inter-religioso, tampouco sem justiça; não há justiça sem a correta gestão e salvaguarda dos recursos da criação. Detrás de todo conflito existe de fato um problema de repartição dos recursos naturais. São necessárias ações concretas e diálogos intensos para que os conflitos ecológicos sobre o acesso aos recursos de água (como no Oriente Médio), petróleo (no Iraque) e terra cultivável (África) sejam bloqueados e não recaiam no plano religioso. O diálogo inter-religioso (hoje, sobretudo, entre as comunidades cristãs e islâmicas) adquire uma crescente importância para a conservação e a recuperação da paz. Para evitar toda possível ambivalência das religiões monoteístas diante da violência, o diálogo inter-religioso e o ecumenismo se convertem nos pressupostos determinantes para a paz e, portanto, também para a sustentabilidade.

3. Os temas ambientais são também um ótimo campo de diálogo e de encontro com os grupos da sociedade civil, grupos não crentes e agnósticos.

4. Os relatórios sobre as atividades e as experiências em curso na Europa mostraram uma grande diversidade entre Ocidente e Oriente. Na Europa Oriental, as Igrejas estão empenhadas na constituição das suas estruturas e na "digestão" da herança comunista. Mas estão nascendo iniciativas sobretudo no âmbito da formação e da informação sobre os temas ambientais (Bielorússia, Bulgária...). Nos países da Europa ocidental, o diálogo ecumênico é uma plataforma significativa para uma ação prática das Igrejas em setores como, por exemplo, a formação ambiental, a gestão dos edifícios eclesiais segundo critérios sustentáveis, a agricultura biológica...

5. Posto que os problemas que ameaçam o equilíbrio do ambiente são globais, as soluções devem por isso ser globais, mas ao mesmo tempo aplicáveis em nível local, segundo o princípio de subsidiariedade. As Igrejas e as religiões têm nisto uma especial responsabilidade e potencialidade, porque estão presentes em todos os níveis da sociedade.

No encontro anunciou-se a celebração da III Assembleia Ecumênica Europeia em 2007 (na Romênia) também como "uma ocasião para uma ação e uma tomada de posição comum das Igrejas sobre temas de meio ambiente". Também se enviará um documento às Conferências Episcopais para apoiá-las em seu compromisso pela salvaguarda da criação. O encontro celebrado em Namur fecha o ciclo de seis consultas organizadas pelo Conselho das Conferências Episcopais da Europa (CCEE) (a primeira aconteceu em 1999).

* * *

Ecologia do coração

Depois da participação na Conferência das Nações Unidas sobre o meio ambiente e desenvolvimento, realizada no Rio de Janeiro em 1992, centrada sobre o desenvolvimento sustentável e sobre o trabalho e responsabilidade pela criação, Dorothy propaga por toda parte o *slogan*: "Ecologia do coração".

Este tema foi discutido na IV Consulta das Conferências Episcopais Europeias sobre a Responsabilidade pela Criação (Veneza, 23-26 de maio de 2002). Eis as conclusões:

1. A corresponsabilidade da Igreja no compromisso por uma mudança dos valores de referência.

Os representantes das Conferências Episcopais Europeias constatam com preocupação que há uma contradição entre as numerosas declarações sobre um desenvolvimento sustentável e os efetivos desenvolvimentos globais no campo econômico e social. A distribuição justa dos recursos, a falta de água potável, a erosão de terras férteis, a pobreza causada por mudanças climáticas nos países em vias de desenvolvimento e a redução rápida da biodiversidade através da extinção das florestas tropicais, bem como o alto consumo de recursos ligado ao bem-estar esbanjador nos países industrializados indicam que o atual modelo econômico – do trabalho e da vida concreta – não é sustentável. Em alguns âmbitos, o peso que recai sobre os sistemas ambientais produz crescentes consequências negativas sobre a saúde.

A solidariedade e a justiça em relação aos países mais pobres, bem como em relação às gerações futuras, exigem uma mudança profunda dos valores de referência econômicos e culturais e da relação com a natureza. As Igrejas têm a responsabilidade de colaborar nesta árdua empresa. O fato de que o atual modelo de civilização se tenha difundido a partir da Europa e da América do Norte faz com que os países europeus tenham agora uma responsabilidade ética particular.

2. O desenvolvimento sustentável precisa de uma nova concepção do trabalho.

Há uma estreita relação entre a crise ecológica e a concepção dominante do trabalho. A supervalorização de formas de produção com alto consumo de materiais com respeito às atividades culturais, espirituais e sociais é uma das causas essenciais da crise ecológica. O trabalho, entendido como produção maciça de bens materiais, não pode mais ser considerado como único valor de referência para o desenvolvimento, mas é premissa para atividades culturais, espirituais e sociais, e para a possibilidade de repouso e tempo livre. A forma atual da gestão do trabalho tem muito peso social também por causa dos fatores de estresse ligados à falta de segurança no trabalho e ao impacto psicológico do desemprego.

No plano político, as medidas pela tutela do ambiente têm uma oportunidade apenas quando se evidencia que elas não estão em concorrência com a luta contra o desemprego, mas que podem ser organizadas de modo a criar postos de trabalho adicionais e contribuir para uma humanização do trabalho.

Uma tal sinergia necessária entre o trabalho e a tutela do ambiente não resulta automaticamente dos processos do mercado, mas deve ser buscada ativamente através de um compromisso político, sustentado por um correspondente consenso social: uma reforma global do sistema fiscal, que desloque o peso dos impostos do fator trabalho para o consumo de recursos e de energia e para os lucros financeiros, libere recursos para a tutela do ambiente. Além disso, favorece programas de promoção para a energia renovável, para a bioarquitetura, para uma mobilidade sustentável, para uma agricultura compatível com o ambiente etc., e pode criar milhões de postos de trabalho. Sobre os pressupostos precisos e as oportunidades a respeito existe ainda um debate aberto entre os especialistas.

De importância decisiva não é tanto que se obtenham novos postos de trabalho através de uma tutela adicional do ambiente, mas que o mercado de trabalho seja submetido a uma mudança estrutural que ajude o trabalho produtivo com novas modalidades de trabalho que reconheçam valor econômico às atividades de cuidado e de assistência e de trabalho pessoal (trabalho misto).

3. Outra concepção de crescimento e de tempo são pressupostos para um bem-estar durável e compatível com a salvaguarda da criação e da justiça.

A preservação do capital natural é apresentada sempre mais como um fator que reduz a produtividade econômica e, portanto, o bem-estar. Por isso é preciso promover um conceito "forte" de sustentabilidade, o qual exige que se ponham limites à substituição do capital natural com o capital produzido pelo homem. Isso comporta uma nova concepção de crescimento não mais definida por um "sempre mais" quantitativo, mas por uma melhora de condições qualitativas através de serviços culturais e espirituais. O crescimento é, portanto, sustentável apenas quando os seus melhoramentos técnicos e estruturais estiverem ligados a um consumo decrescente de materiais (desmaterialização).

Um crescimento durável é possível e tem sentido apenas nos âmbitos espirituais da formação, da cultura e da relação com Deus. Para isso deve orientar-se a concepção de crescimento. O restabelecimento do primado das atividades espirituais e não produtivas é, portanto, uma condição necessária para uma cultura da sustentabilidade. Isto comporta também uma nova coordenação entre tempo do trabalho e tempo do repouso. Só com base num amplo compromisso por atividades espirituais e sociais e na dimensão religiosa do homem podem realizar-se a criatividade e a alegria de viver.

A Igreja pode dar para isso uma contribuição fundamental, sobretudo através da proteção e da cultura do domingo. O domingo, que originalmente é o primeiro dia da semana, é uma expressão central para a organização do tempo. Ele cria orientação e liberdade à medida que interrompe o ritmo de trabalho e concede tempo para Deus, para a contemplação, a família, a cultura, o lazer e as atividades de voluntariado. Como dia livre de obrigações de trabalho, é importante para a sincronização social e permite assim formas de comunhão e de comunidade. A proteção do domingo é essencial para a proteção das famílias. O domingo, que tem a sua referência no sábado bíblico relativo ao descanso, é mais que útil, mais que necessário. Cria um espaço livre, essencial para o desenvolvimento do homem, está cheio de consequências positivas para a criatividade humana. A salvaguarda de um comum fim (ou início) de semana livre exige também um acordo com as outras religiões e instituições, para favorecer assim uma cultura do tempo inter-religiosa e social.

4. A situação atual interpela a Igreja a assumir concretamente responsabilidades pela criação.

Numa situação na qual os apelos morais e as declarações políticas permanecem muitas vezes sem efeito, é exigido o testemunho da ação para ser crível. A Igreja pode contribuir para a necessária mudança dos valores na sociedade na medida em que demonstrar que cumpre a sua responsabilidade pela criação através de ações exemplares. Para isto, um dos pontos fortes desta consulta, bem como das precedentes, foi a troca de experiências acerca das iniciativas práticas da Igreja diante das várias situações do ambiente nos países europeus. E assim se vê que as consultas feitas até agora já levaram a diversas sugestões e propostas concretas.

5. As Igrejas europeias pedem que na cúpula mundial para o desenvolvimento sustentável de Johanesburgo sejam tomadas decisões vinculantes.

Posto que a realização de progressos para um desenvolvimento global tornou-se agora uma questão de sobrevivência para a humanidade, as Conferências Episcopais Europeias olham com grandes expectativas a próxima cúpula das Nações Unidas que se realizará em Johanesburgo (África do Sul) de 26 de agosto a 4 de setembro de 2002. A Europa pode e deve contribuir de maneira decisiva a fim de que a Agenda 21 se torne finalmente um percurso vinculante para a atuação concreta de um desenvolvimento sustentável.

Lugar do assassinato de Dorothy, fevereiro de 2006.

Os participantes na consulta se pronunciaram pelas seguintes prioridades:

• Solidariedade mundial na luta contra a pobreza através da proteção da água potável e dos terrenos agrícolas férteis, um amplo acesso à educação, à formação e à assistência sanitária de base, através de oportunidades de comércio melhores para os países em vias de desenvolvimento no contexto de um sistema econômico global justo, um progressivo aumento – até uma quota de 0,7% do PIL – por parte dos países industrializados da Europa dos financiamentos para projetos de desenvolvimento, com base em um calendário operativo vinculante até 2010.

• Mudança dos estilos de vida e de trabalho. Se não mudarem os valores e os modelos de bem-estar nos países ricos, todas as inovações técnicas não poderão levar a uma redução do consumo da natureza. A Igreja pode dar uma contribuição essencial para a necessária mudança dos modelos de bem-estar na base do conceito cristão de criação e da visão integral do homem, bem como da prioridade dos valores e das formas de trabalho espiritual. Uma contribuição fundamental para isso consiste numa nova visão do trabalho, que cria espaços livres para o "bem-estar do tempo" e também para estilos de vida que consumam menos recursos.

• Proteção global do clima através da ratificação do Protocolo de Kyoto, que prevê a redução das emissões de CO_2 para uma taxa de 5,2% em relação a 1990, bem como, na Europa e em outros lugares, programas de promoção intensivos para a ecoeficiência, para a economia de energia e para a utilização de energias renováveis, para a mobilidade sustentável e o reflorestamento.

• Faz dois anos que a consulta pela responsabilidade para com a criação por parte das Conferências Episcopais Europeias pronunciou-se por uma liturgia que celebra o tempo da criação no período que vai de 1º de setembro ao Dia de Ação de Graças.

* * *

Salvaguarda da dignidade de toda pessoa

Os pobres – se se quiser respeitar a dignidade da pessoa deles – devem participar nos processos de tomada de decisão. Devem ter acesso às informações. As mulheres devem ser sempre mais conscientes de ter um papel vital na gestão do ambiente e do desenvolvimento. Os bens devem ser igualmente compartilhados por todos.

Essas ideias dominantes de Dorothy são desenvolvidas no décimo capítulo do *Compêndio da Doutrina Social da Igreja*:[9]

> *Também no campo da ecologia a Doutrina Social convida a ter presente que os bens da terra foram criados por Deus para ser sabiamente usados por todos: tais bens devem ser divididos com equidade, segundo a justiça e a caridade.* Trata-se essencialmente de impedir a injustiça de um açambarcamento dos recursos: a avidez, seja esta individual ou coletiva, é contrária à ordem da criação. *Os atuais problemas ecológicos, de caráter planetário, podem ser eficazmente enfrentados somente através de uma cooperação internacional capaz de garantir uma maior coordenação do uso dos recursos da terra.*
>
> *O princípio da destinação universal dos bens oferece uma fundamental orientação, moral e cultural, para desatar o complexo e dramático nó que liga crises ambientais e pobreza.* A atual crise ambiental atinge particularmente os mais pobres, seja porque vivem naquelas terras sujeitas à erosão e à desertificação, ou porque envolvidos em conflitos armados ou ainda constrangidos a migrações forçadas, seja porque não dispõem dos meios econômicos e tecnológicos para proteger-se das calamidades.
>
> Muitíssimos destes pobres vivem nos subúrbios poluídos das cidades em alojamentos casuais ou em aglomerados

---

[9] N. 481-483.

de casas decadentes e perigosas (*slums*, *bidonvilles*, *barrios*, favelas). No caso de se dever proceder à sua transferência, e para não acrescentar sofrimento ao sofrimento, é necessário fornecer uma adequada e prévia informação, oferecer alternativas de alojamentos dignos e envolver diretamente os interessados.

Ademais, tenha-se sempre presente a situação dos países penalizados pelas regras de comércio internacional não equitativo, nos quais prevalece uma escassez de capitais frequentemente agravada pelo ônus da dívida externa: nestes casos a fome e a pobreza tornam quase inevitável uma exploração intensiva e excessiva do ambiente.

O estreito liame que existe entre desenvolvimento dos países mais pobres, crescimento demográfico e uso razoável do ambiente, não é utilizado como pretexto para escolas políticas e econômicas pouco conformes à dignidade da pessoa humana. No Norte do planeta se assiste a uma *"a quebra do índice de natalidade*, com repercussões sobre o envelhecimento da população, que se torna incapaz mesmo de se renovar biologicamente",[10] ao passo que no Sul a situação é diferente. Se é verdade que a desigual distribuição da população e dos recursos disponíveis cria obstáculos ao desenvolvimento e ao uso sustentável do ambiente, deve-se reconhecer que o crescimento demográfico é plenamente compatível com um desenvolvimento integral e solidário: "Existe uma opinião vastamente difundida, segundo a qual a política demográfica é apenas uma parte da estratégia global sobre o desenvolvimento. Por conseguinte, é importante que

---

[10] *Sollicitudo Rei Socialis*, n. 25.

qualquer debate acerca de políticas demográficas tenha em consideração o desenvolvimento presente e futuro, tanto das nações como das regiões. Ao mesmo tempo, é impossível pôr de parte a natureza mesma daquilo que a palavra 'desenvolvimento' significa. Qualquer desenvolvimento digno deste nome deve ser integral, ou seja, deve orientar-se para o verdadeiro bem de cada pessoa e de toda a pessoa".[11]

* * *

Novos estilos de vida

Com a palavra e com o testemunho de toda a sua vida, Dorothy ensina a todos quão importante é permanecer fiel aos ideais intuídos na juventude, mesmo quando o entusiasmo falta e... quando Deus se cala. O sofrimento moral será abundantemente retribuído por aquele que falou da necessidade de o grão de trigo apodrecer se quiser dar fruto. Não há outro meio para fazer nascer uma cultura alternativa àquela baseada no consumo, na exploração, na busca míope do interesse pessoal próprio. É indispensável criar novos estilos de vida.

O *Compêndio da Doutrina Social da Igreja* insiste na necessidade de novos estilos de vida:[12]

> *Os graves problemas ecológicos exigem uma efetiva mudança de mentalidade que induza a adotar novos estilos de vida,* "nos quais a busca do verdadeiro, do belo e do

---

[11] JOÃO PAULO II. Mensagem à Senhora Nafis Sadik, Secretária-geral da Conferência Internacional sobre População e Desenvolvimento (18 de março de 1994), 3: *L'Osservatore Romano*, ed. em português, 2 abr. 1994, p. 4.

[12] O assunto é tratado nos n. 486-487 do *Compêndio*.

bom, e a comunhão com os outros homens, em ordem ao crescimento comum, sejam os elementos que determinam as opções do consumo, da poupança e do investimento".[13] Tais estilos de vida devem ser inspirados na sobriedade, na temperança, na autodisciplina, no plano pessoal e social. É necessário sair da lógica do mero consumo e promover formas de produção agrícola e industrial que respeitem a ordem da criação e satisfaçam as necessidades primárias de todos. Uma semelhante atitude, favorecida por uma renovada consciência da interdependência que une todos os habitantes da terra, concorre para eliminar diversas causas de desastres ecológicos e garante uma tempestiva capacidade de resposta quando tais desastres atingem povos e territórios. A questão ecológica não deve ser abordada somente pelas aterrorizantes perspectivas que o degrado ambiental perfila: esta deve traduzir-se, sobretudo, em uma forte motivação para uma autêntica solidariedade de dimensão universal.

A atitude que deve caracterizar o homem perante a criação é essencialmente a da gratidão e do reconhecimento: de fato, o mundo nos reconduz ao mistério de Deus que o criou e o sustém. Se se coloca entre parentes a relação com Deus, esvazia-se a natureza do seu significado profundo, depauperando-a. Se, ao contrário, se chega a descobrir a natureza na sua dimensão de criatura, é possível estabelecer com ela uma relação comunicativa, colher o seu significado evocativo e simbólico, penetrar assim no horizonte do *mistério*, franqueando ao homem a abertura para Deus, Criador dos céus e da terra. *O mun-*

---

[13] *Centesimus annus*, n. 36.

do se oferece ao olhar do homem como rastro de Deus, lugar no qual se desvela a sua força criadora, providente e redentora.

* * *

Mas Deus é bom com o seu povo

Dorothy demonstra uma confiança total na Providência, fonte de uma serenidade substancial: "O mundo está nas mãos de Deus". Para o crente, o pessimismo está excluído, porque o seu coração já mora lá onde há perfeita alegria.

"A nossa situação aqui no Brasil piora cada dia. Os ricos multiplicam os seus planos para exterminar os pobres, reduzindo-os à fome. Mas Deus é bom com o seu povo." Essas convicções de Dorothy, os seus anseios por justiça, são captados pelo Bispo Dom Erwin Kräutler, que se esforça por levar adiante a mensagem da primeira mártir da criação, para evitar que o seu sacrifício tenha sido vão. Durante a celebração eucarística, no primeiro aniversário do martírio de Dorothy, o prelado pronuncia a seguinte homilia:

"Felizes os pobres em espírito." Quando, em 1982, Irmã Dorothy se ofereceu para trabalhar na Prelazia do Xingu, os pobres é que a atraíam. "Quero trabalhar entre os mais pobres", afirmava na época, e lá foi ela para a Transamazônica Leste. Não fez apenas "incursões" esporádicas para o meio dos pobres. Não! Ela vivia entre os pobres, do jeito dos pobres, ela mesma pobre. Sua opção não tinha nada de romântico. É muito duro viver como ela viveu! Mas assim ela conquistou a confiança dos pobres. Passou a pertencer à família dos pobres.

"Deles é o Reino dos Céus." Que Reino é esse que será dos pobres? "Não é deste mundo", disse Jesus diante de Pilatos, que o condenou à morte (cf. Jo 18,36). Mesmo não sendo deste mundo, começa a concretizar-se neste mundo. O inferno sempre se levantará contra ele e investirá todo o seu poder maligno para destruí-lo, mas jamais prevalecerá.

"Felizes os mansos, porque possuirão a terra." A humildade é irmã da pobreza. Ela se baseia num incondicional amor à verdade. É ser transparente, límpido e puro como cristal! Nada de querer aparecer e alimentar vaidades, muito menos inchar-se de orgulho. Pobreza e humildade geram a mansidão, a soberana virtude de quem nunca apela a expedientes escusos para realizar seus intentos. Quem conhecia Dorothy lembra a sua fala "mansa", embora mansidão nada tenha a ver com o timbre de voz. Mansidão é a perseverança no cumprimento de uma missão. Mansidão é não deixar-se abalar, jamais usar meios violentos, nem sequer altear a voz. É a não violência a todo preço, não violência ativa! Mansidão é seguir à risca os ditames morais e legais, nunca procurar subterfúgios, apostar em manobras, inventar arranjos e abrir brechas, tentar adaptar leis e normas, interpretá-las para defender interesses pessoais. Mansidão é recomeçar sempre quando malogros e derrotas acontecem ao longo do caminho. Mansidão é, quando fecham ruidosamente uma porta, pedir licença para entrar por outra, ou, então, aproveitar-se de uma janela aberta para dirigir-se aos que estão dentro da sala, já que não deixam entrar. Mansidão é agir, sabendo que a vitória final é garantida. Mansidão é ir ao suplício sem abrir a boca (cf. Is 53,7).

"Porque possuirão a terra." É a Terra de Deus, a terra santa, sagrada, prometida, "terra que mana leite e mel" (cf. Ex 3,8). Terra é sinônimo de Reino de Deus. Não é um reino apenas idealizado, utópico, sonhado! O Reino de Deus assume formas concretas e tem consequências para a sociedade, para o mundo de hoje e sempre! O Reino se estabelece no chão que pisamos e não alhures, num mundo fictício e onírico.

Na Terra de Deus não pode haver excluídos, perdedores. Na Terra de Deus não existem milhões de homens, mulheres e crianças banidos, exilados, expatriados, desterrados. "Possuirão a terra" é mensagem salvífica, é promessa de paz e felicidade. Expressões populares – "Não têm onde cair morto", "Sem eira nem beira", "A terra que possuo? O sujo debaixo da unha", "Minha terra? Sete palmos debaixo da terra!" – provam a ausência da Terra de Deus e revelam a realidade dura de tantos brasileiros e brasileiras deserdados, lançados fora, descartados, tidos como supérfluos. São os "desconectados" do mundo globalizado. Não produzem para o mercado, por isso não contam nem interessam. Mas querem viver! Um pedaço de terra é para eles a única chance de sobreviver com a família. Não nutrem ambições de enricar. Querem somente viver sem ter fome, querem plantar para colher, produzir para o próprio gasto. Contentam-se com o mínimo necessário. Mas no sistema neoliberal não têm vez. Pelo contrário, são ocupantes indesejados de terras que poderiam ser utilizadas com muito mais proveito. Propriedade familiar não faz sentido. Não rende dividendos, não visa à exportação. O latifúndio é que vale, o agronegócio é produtivo, promete lucro imediato e enriquece o Brasil. Por isso os fazendeiros e madeireiros avançam, com as bênçãos do governo, sobre as terras públicas, promovem a grilagem, devastam as florestas, espalham violência, intimidam e expulsam pobres posseiros. Enviam, de tempo em tempo, seus "gatos" para o Nordeste a fim de arrebanhar algumas centenas de desempregados naquela Região. Como gado são transportados em paus de arara para a Amazônia, onde imediatamente entram no regime de trabalho escravo. É a terra dos homens! E dos demônios!

A Terra de Deus encerra um outro projeto, propõe um outro tipo de sociedade. A Terra de Deus é lugar de vida e fraterna convivência, de solidariedade amorosa. A Terra de Deus é como coração de mãe: há lugar para todos os filhos e filhas. A Terra de Deus é o lar que Deus criou para todos e não apenas para uns poucos privilegiados. Dorothy e tantos outros morreram por defenderem esse lar, a Terra de Deus.

***

A esta altura, a homilia do Bispo Kräutler se transforma no sonho de uma liturgia cósmica, uma Eucaristia celebrada no coração do mundo, no rastro do Hino do Universo *de Teilhard de Chardin.*

É hora das ofertas. Dona Tonica entoa o canto. A catedral em que celebramos é a floresta. As figuras que adornam o templo são o jatobá, o tamburi, o pé de bacaba, a castanheira e todas as outras árvores e plantas que estão aí mostrando sua beleza verde. As araras voltaram mais uma vez para a copa do Jatobá. Cantam e louvam seu criador à sua maneira! Ofereço pão e vinho, o "fruto da terra e do trabalho humano", simbolizando nosso empe-

— A profecia de Dorothy Stang no diálogo ecumênico —

Um militar no lugar em que Dorothy foi assassinada.

nho, nosso suor, nossa luta, a dor e sofrimento de tanta gente, mas também, apesar de tudo, nossa alegria de estarmos aqui reunidos, irmãos e irmãs uns dos outros, de não termos recuado ou esmorecido diante da prepotência e perversidade dos que se julgam donos da Amazônia, de acreditarmos na Terra de Deus e não na terra dos homens.

Mais uma vez repito as palavras sagradas: "Na véspera de sua paixão... Tomai e comei: Isto é o meu corpo que será entregue por vós". "Tomai, todos, e bebei: Este é o cálice do meu sangue... que será derramado por vós e por todos..." Quantas vezes já as pronunciei nos mais diferentes lugares e circunstâncias! Sempre de novo o céu e a terra misteriosamente se tocam, o Divino envolve o humano. O que celebramos não é só piedosa recordação, grata lembrança de um fato histórico, mera confraternização entre irmãos e irmãs. É muito mais! É o Corpo entregue, o Sangue derramado de Jesus que se torna sacramentalmente presente, é o "Sacrifício da cruz [...] o memorial da sua morte e ressurreição: sacramento da piedade, sinal de unidade, vínculo da caridade, banquete pascal" (*Sacrosanctum Concilium*, n. 47). Ao erguer as sagradas espécies, vejo diante de meus olhos o corpo da irmã, esticado na estrada: "Corpo entregue"! Vejo o barro embebido pelo sangue que mana de cinco perfurações: "Sangue derramado". Lembro as cinco chagas de Jesus!

Rezamos, de mãos dadas, o Pai-Nosso, a oração do Senhor, e comungamos o Corpo e o Sangue de Cristo. É nosso alimento de peregrinos neste mundo tão conflitivo e perverso, é a força, a energia que dá coragem aos apaixonados pelo Reino, os sustenta e fortalece, lhes dá a graça da mansidão e perseverança no longo caminho.

Contemplo novamente a cruz branca da Dorothy. Tantas cruzes à beira das nossas estradas, dos nossos rios e igarapés! Irmãs e irmãos tombaram, derramaram seu sangue, doaram sua vida! Mas sua morte não mudou o rumo do Caminho. Sua morte compele, incentiva-nos no Caminho! O Caminho continua!

Conclusão

"Até para a árvore há esperança", grita Jó na sua dor (Jó 14,7), reduzido na estrumeira a dirigir a Deus palavras desesperadas que o vento leva. O santo Patriarca desafia o Senhor, lembrando a ele que também a árvore cortada pode voltar a germinar, ao passo que o homem morto não volta a viver.

Há esperança para a árvore; há esperança para a mata... Dorothy Stang pagou caro a sua opção de estar com as vítimas da exploração da floresta. Com toda a sua vida, e em particular com a sua morte, chamou a atenção mundial para as temáticas ambientais, que procurei resumir na segunda parte deste estudo, relatando, sobretudo, as ideias que apareceram nos diálogos ecumênicos das Igrejas cristãs desde o início do século passado.

Dorothy Stang e as Igrejas proclamam que Deus se preocupa com esta humanidade. No seu plano eterno, a criação foi concebida como um lugar providencial, no qual a realeza divina se manifesta na derrota do mal e em comunicar ao ser humano o poder de cuidar da terra e de continuar nela, de algum modo, a criação.

O mal a derrotar está aninhado no coração do ser humano: a cobiça e a inveja. Deus não é contra o progresso, mas contra o uso que dele é feito para privilegiar os ricos, insaciáveis de bens materiais e despreocupados com a fome do pobre Lázaro, coberto de chagas, sentado a mendigar à porta do rico esbanjador. Há de notar que essa referência à parábola contada por Jesus visa a estigmatizar uma situação dramática: o rico é condenado não tanto pelo que fez, mas porque nem sequer se apercebeu da fome de Lázaro.

O progresso tem um preço em termos de vidas humanas. Para salvá-las, Deus suscita pessoas "santas" em defesa de cada homem e da história. Nela devem harmonizar-se a complementaridade e a integração dos diferentes. Os diversos têm o direito e o dever de coexistir e de integrar-se. Esta é a mensagem das primeiras páginas da Bíblia.

Caim e Abel – que têm ofícios diferentes e idades diversas – têm direito a viver de modos diferentes, com base na sua experiência e na sua praxe religiosa. Mas a diferença dá medo e suscita inveja em Caim, que é camponês, ao passo que Abel é pastor. O camponês elimina o pastor. Resta, assim, apenas a cultura camponesa.

Este fato pode ser lido como uma parábola: a passagem da cultura pastoril para a cultura agrícola, que se torna dominante, ou antes, predominante. O relato não é ingênuo. Suscita algumas perguntas: a passagem de um sistema econômico ao outro é sem preço? O que o progresso implica? Quanta violência esconde?

A história de Dorothy põe em evidência o fato de que o progresso também provoca vítimas e prepotência. No conflito de interesses devemos nos colocar do lado dos últimos, dos pequenos e dos pobres. Deve-se defender o direito à diferença, à convivência e à coexistência pacífica de todo ser humano a fim de que se possa estar em condições de repetir com o salmista:

Minha alma, bendize o SENHOR!
SENHOR, meu Deus, como és grande!
Revestido de majestade e de resplendor,
envolto em luz como num manto.

Conclusão

Tu estendes o céu como uma tenda,
constróis sobre as águas tuas moradas,
fazes das nuvens teu carro,
andas sobre as asas do vento,
fazes dos ventos teus mensageiros,
das chamas de fogo teus ministros.

(Salmo 104[103],1-4)

Esse salmo descreve um mundo "no qual justiça e paz se abraçam". Um mundo como estava nos sonhos do Criador. Um mundo que permite que eu, como crente: "Quero cantar ao SENHOR enquanto eu viver; cantar a meu Deus enquanto eu existir. Seja-lhe grato meu poema; a minha alegria está no SENHOR" (v. 33-34). Um mundo radicalmente diferente daquele que faz gemer os judeus escravos à beira dos rios da Babilônia:

"Como cantar os cânticos do SENHOR em terra estrangeira?"

(Sl 137[136],4)

Irmã Dorothy se responsabilizou por um mundo de escravos para despedaçar as cadeias de todos os que "penduraram as suas harpas nos salgueiros". Nesse mundo que "sofre e geme como nas dores do parto", a freira norte-americana, que fez do Brasil a sua pátria, se ergue como poderosa voz profética para resgatar com o seu sangue as injustiças e manter viva a esperança dos pobres e dos oprimidos. Emblema digno e síntese viva da encíclica de Bento XVI, *Spe Salvi*: a fé é esperança que se consuma em amor.

Sumário

Prefácio à edição brasileira: Irmã Dorothy 5
Dom Erwin Kräutler

Apresentação 9

Introdução 13

PRIMEIRA PARTE
A VIDA DE DOROTHY STANG

Irmã Dorothy: uma vida pela Amazônia 17
A sua arma: a Bíblia 17
A família: o primeiro convento 18
Nas pegadas de Santa Júlia Billiart 20
"A juventude é chamada ao heroísmo" 22
"As alegrias, as dores e as esperanças" 23
No quadro da Teologia da Libertação 25
A Bíblia restituída aos pobres 29
Um chamado ainda mais radical 32
"Ouvi o gemido do meu povo" 35
"Deus, minha justiça" 41
O hino do universo 46
A ecologia do coração 58
Além das perseguições 63
Mesmo quando a fé vacila 66
We shall overcome 72
Um coração grande como o mundo 76

Aquele rosto plantado na lama 77
As lágrimas e as perguntas de um bispo 80
"Feliz tu que acreditaste" 94

Segunda parte
Dorothy Stang e a teologia da criação

O Magistério dos "pequenos" 97
Para uma teologia e espiritualidade da criação 101
   As "iniciais de Deus" no testemunho de Dorothy 101
   A Bíblia e a criação: para aprofundar o pensamento
   de Dorothy Stang...106
O direito sagrado a uma vida melhor 127
   Dorothy vive..127
   Dorothy, ícone da *Caritas in Veritate* 133
   O açambarcamento dos recursos por parte dos Estados
   e grupos poderosos..138

Terceira parte
Dorothy Stang: a herança espiritual

A profecia de Dorothy Stang no diálogo ecumênico 143
   Sobriedade aprendida em família.....................................144
   A Bíblia, *magna charta* da salvaguarda da criação...................148
   Cristo, salvação da humanidade e do cosmo..........................152
   Harmonia entre inteligência, afetividade e efetividade..............156
   Buscar aquilo que une 159
   A fé como base de uma formação permanente 162
   Coragem e espírito profético..164
   Responsabilidade pelo bem coletivo.................................169
   A terra como dom..172
   Sobriedade dos costumes e valorização
   das energias renováveis...175
   Opções preferenciais 178
   Edificação de uma sociedade mais justa e solidária..................179

O "indivisível" bem comum do gênero humano 185
Campanha pelo desarmamento nuclear e contra
a pena de morte 188
Um compromisso concreto pela justiça 191
Cristianismo: não ópio, mas adrenalina dos povos 196
Ecologia do coração 198
Salvaguarda da dignidade de toda pessoa 204
Novos estilos de vida 207
Mas Deus é bom com o seu povo 209

Conclusão 217

Impresso na gráfica da
Pia Sociedade Filhas de São Paulo
Via Raposo Tavares, km 19,145
05577-300 - São Paulo, SP - Brasil - 2012